拱瑞 / 编著

愿你惊艳芳华：那些美好女子教会你的事

中国华侨出版社

·北京·

歌德曾说，永恒之女性，引领我们提升。

一个个拥有丰沛、高贵灵魂的女性就像一颗颗不夜的明珠，光芒四射、熠熠生辉。

她们曾用梦想和行动点燃生命的激情，她们并非都是命运的宠儿，却也能成为生命的强者，可以通过黑暗、暴风雨去寻找自我。她们笑迎生命中的风雨和炎凉，静候岁月的花瓣悄然绽放。

这些美丽的女子用自己一生的辉煌成就一段段传奇，用无与伦比的美丽跨越了百年的风雨，她们懂得用淡定去修复日渐粗糙的容颜，以期保留那份和悦与温婉。她们更知道如何对待那些浅薄与尖酸，让自己不被焦虑和无奈吞噬湮没。

我们通过打捞文字碎影中的残片，去聆听一段段传奇，触摸她们心底的冷暖，从而懂得什么是人生最大的勇敢。

能在漫长的一生中悠远笃定地面带微笑，并在任何人生境遇下都能迸发出生命能量，她们温柔了岁月，惊艳了时光。

即使有些人的躯体已经归于永恒的寂静，精神却依旧可以引领我们提升。

走近她们，也就走近了高贵的心灵，然后以此唤醒我们追求高贵灵魂的冲动。

保留灵魂的高贵，到底有何用？

人生忙碌，谁都不肯停下匆匆的脚步，一个个物质利益的诱惑，一场场无法喘息的竞争，人们的脚步太快，竟不管灵魂是否同行。不知不觉，有了太多的精神垃圾。我们只关注外部世界，却从不关注自我体验。于是，我们把日子过得越来越糟，总是认为所有人都比自己幸福。我们需要积累灵魂的财富，然后，让平常的日子一点一点地清丽脱俗。

也许我们不是名媛，在一座平凡的城市做一份平凡的工作，却希望借由这一缕缕灵魂的香气，在烦琐中，可以形成安宁、乐观、宠辱不惊的品质，洗尽铅华，淡淡地散发出精神和心灵的芬芳。同样的工作，从此有不一样的心境，不为那一场无疾而终的爱情伤筋动骨，也不为事业成就虚张声势，也不因家庭琐事歇斯底里，能实现经济独立、人格独立，也可以经营好家庭，纵然生活百般磨难，也不让焦虑和戾气浸透生命。

这些美丽的灵魂可以引领我们穿越迷雾，走过生命的黑夜，让日益空虚的灵魂沐浴爱与善，让内心真正拥有安宁与勇气，从而穿越人生中的隧道，寻找生命的美好。

繁华落尽，依然可以在岁月中翩跹起舞。

从此，时光不老。

目录 CONTENTS

爱自己，生命才有意义

苏青：爱自己，生命才有意义

她曾与张爱玲一起，被称为"上海文坛最负盛誉的女作家"；

她是典型的民国女子，有新青年的狂妄和韧劲，却也有旧式女人的局限；

她有着简单健康的底子，生活却总是辜负她，她只能在文章里弥补遗憾；

她中年遭受婚变，没有经济来源，却上有老母在堂，下有孩子需要抚养，她只能自食其力；

她毫不掩饰自己对金钱的爱好，因为她太懂得生活的艰辛；

即便谋生耗费了她太多的精力，她也要柔情缱绻、尽心谋爱；

她没能成为传统价值观念中幸福女性的样板，可热闹而坚韧的生活姿态却永远散发能量。

苏青，常常作为张爱玲的闺密并在得到其高度肯定中被关注。

张爱玲说："即使从纯粹自私的观点看来，我也愿意有苏青这么一个人存在，愿意她多写，愿意有许多人知道她的好处，因为，低估了苏青的文章的价值，就是低估了她的文化水准。如果必须把女作者特别分作一栏来评论的话，那么，把我同冰心、白薇她们来比较，我实在不能引以为荣，只有和苏青相提并论我是甘心情愿的。"

才女的话字字犀利刻薄，却也实实在在地肯定了苏青的文学地位。

于是，在 20 世纪斑驳的旧影中，那个"伟大的单纯"的身影在大众的注视下越来越清晰。

苏青虽然和张爱玲同为上海女人，同以文为业，但是文风不同，这源于二人不同的生活经历。

苏青的童年没有什么阴影，出生时在外婆家，外婆家在乡下，亲戚很多，常常带她串门，生活简单有趣，也给了她充分的自由成长空间，稚嫩

的心灵未有阴影，她也确实就像张爱玲说的"有着简单健康的底子"。

到苏青 8 岁需要正规教育时，她就被父亲接到上海。父亲这时事业很顺利，在上海银行升职，做了经理，做投机生意又赚了钱，他不但给女儿找了一个不错的小学读书，也曾希望苏青学好英语及音乐舞蹈，成为一个淑女。可是苏青在乡下打下的底子让她对这些不感兴趣，久而久之，父母倒也没有过分勉强。

后来家里给苏青定了一门亲事，对方家境不错，未婚夫李钦后和苏青在学校时也有交集，苏青对李钦后的感情并不热烈却也对他并不反感。这时的苏青更乐于在读书中找寻乐趣，她成绩优

异，1933 年考入中央大学外文系，这在当地并不多见，也足见苏青的出类拔萃。只是后来苏青家境日益衰落，竟连读书费用都成问题，甚至连苏青订婚的一笔聘礼都成了重要经济来源，再加上苏青考上大学让李钦后深感危机，于是李家几次催促成婚，苏青虽然希望读完大学再谈婚事，可是读书费用还得依靠李家，最后只能赶在苏青去读大学前，匆匆完婚。

婚后两个人也曾有过短暂的幸福，只不过，李钦后生性风流，还与外婆的长孙媳妇私通。苏青自然伤心，想借由读书忘记家庭烦恼，却又怀了身孕，只能休学。李钦后虽然风流，但对苏青也有感情，看她伤心，便向她悔过，提出带她到上海，承诺重新来过。

只是到了上海，生活不但没能像期待的美好，反而更加糟糕。李钦后的连连出轨时时引发一次次争吵，一家几口的生计也成了问题。李钦后自私、懦弱、虚荣，不肯负起养家的责任，苏青每天就在争吵、愤怒、沮丧中煎熬。

苏青讨厌自己的状态，她在文章里写道："一个女子到了无可作为的时候，便会小心眼儿起来了。记得我初进大学的时候，穿着淡绿绸衫子，下系同颜色的短裙，风吹过来飘舞着像密密层层柳条儿起的浪，觉得全世界就只有我一个人耀眼：我像娇艳的牡丹，而众人便再好些也不过同绿叶点缀或衬托一番罢了。但是现在呢？他，我的丈夫，却不许我向上。"

苏青开始意识到家庭生活已经让她时时都充满束缚感，只是这时她还没有勇气和家庭决裂，可是，命运倒是仁慈，借由李钦后的一记耳光才让她彻底与这狰狞告别。

苏青养着女儿不受婆家的待见，想出去工作又受丈夫的限制，可是当她向李钦后要钱以作家用时，竟换来一记响亮的耳光。这个男人这时早已厌倦了自己的妻子，他也早已忘记自己当时是如何高攀中央大学的才女。而苏青，被这一巴掌生生打醒。同李钦后的十年婚姻已经走到绝境，苏青终于离开丈夫选择独立。

后来，张爱玲这样评论苏青的婚变："不论在什么样的患难中，她还是有一种生之烂漫。多遇见患难，于她只有好处；多一点枝枝节节，就多开一点花。"

离开李钦后的苏青确实表现出生活的韧性，幼子嗷嗷待哺，喂养刻不容缓，她必须承担起养家的重任。她说："我相信就是爱孩子也须先自维持生存，自己连生存都不能够了，又拿什么去爱他们呢？"

从一个无忧无虑的少女到一个名牌大学的才女，再到一个失婚还要抚养三个孩子的少妇，苏青真正体会到了生活的艰难。

她曾四处托人找工作却只有可怜

的薪水，她想来想去还得发挥所长，以文谋生。

历经周折，她的《天地》月刊终于创刊。苏青的选材、文笔、主题，无一不迎合衣食父母之胃口，大家喜欢看她的市井烟火气，她便保持这种风格。苏青集作者、编辑、发行于一身，也因此，她要向张爱玲约稿。她的约稿信竟一下打动了这个当时在上海大红大紫、最负盛名的女作家。她亲函张爱玲"叨在同性，希望赐稿"，张爱玲喜欢这位率性的主编，也愿意为《天地》撰稿，后来还同苏青成为闺密。

苏青在经营杂志方面很有天赋，她不但能约来当时各界名人如周作人、陈公博、周佛海父子、胡兰成、张爱玲等为杂志撰稿，她还懂得营销之道，实施杂志预订，八折优惠客户，以扩大销量。

在这期间，她的《结婚十年》也更广泛地被人关注，放在今天应该叫作畅销书。她将亲历的十年婚姻感触写进书中，不但感动着六七十年前的已婚女人，就是在今天，人们也依旧能在书中找到共鸣。那对男人的期待、抱怨、失望如出一辙，一次次琐碎小事让埋怨积累太多，在金钱方面的算计让争吵持续升级，婆媳关系让夫妻感情也日益薄弱，全职主妇伸手要钱的难堪和尴尬，最后还有压垮婚姻的稻草——外遇，让女人彻底觉醒，没有另一个生命可以对自己的生命负责。

这样的中国家庭主妇生活竟几十年不变。

苏青带给现代人的共鸣还不只这些。

苏青先指望男人后又依靠自己，所以她常常会有这样的感慨："如果与男人一起吃饭，她付了账，一方面会觉得骄傲，另一方面则会有些悲哀，因为失去被保护的权利了。"

而朋友炎樱也在谈到苏青时感慨："我想她最大的吸引力是，男人总觉得他们不欠她什么，同她在一起很开心。"

苏青的纠结应该也是现在众多女性的苦恼。想要大女人的权利，也想要小女人的待遇。

男人呢，倒是乐于同这样的女人交往，凡事女人自己担待，当需要他们负一点儿责任，他们就会说最初喜欢的就是她的那份潇洒，还要指责女人善变。

其实，这有可能是极端女权主义的误区，偏偏将男人放在自己的对立面，两性无论何时都要互相需要，女人只要能保证自己是独立的个体就好。

离婚后苏青也曾有过合适的对象，但是她不能只考虑自己的幸福，有一次当她与男友吃饭时，三个孩子站在门口张望不敢上前。苏青看出孩子心中的顾虑，也觉得有些伤感，她觉得始终要尽为人母的责任，于是孩子成了苏青不能卸下的重担。她也一直没有再婚。

1949年以后，张爱玲去了美国，身边的朋友也陆续离开，苏青却认为，无论何种政局、如何战乱，她能以文谋生，在哪儿都一样。她以本名进行地方戏剧本创作，也深受大众的好评。只不过最后她还是没能逃过落难文人的下场，以致身患恶疾，晚景凄凉。1982年，苏青走完了她曲折的一生。

而她的文字却让读者常读常新，她爽利明快的文风，她对身边小事的态度，她对女人内心真实的洞察，和她将内心所惑一一告之的坦诚，都让这个聪明外露的女子颇受女性的青睐。

生活本来就是柴米油盐、家长里短，能在其中活出智慧，在世俗、辛劳中获得解脱，生活大概也就没有那么多艰辛，热热闹闹地活在当下，活出自我，也不失为一种幸福。如果不是时代影响，苏青会是一个成功女性。

❧❧❧ 静思小语 ❧❧❧

不管如何安逸，也要有谋生的能力；不管如何陷入爱情，也不要迷失自己。遭遇困境，就尝试发出最强音；生活艰苦，也要柔情缱绻、尽心谋爱。在经济、实用的大众化生活中做一个自强不息的女人。

唐瑛：精致，是女人的尊严

她是 20 世纪二三十年代旧上海一颗闪耀的明星，她与陆小曼齐名，素有"南唐北陆"之说；

她是一道亮丽的风景线，一颦一笑总是牵动着许多男人的心；

她活得自在潇洒，在那个美女云集的花花城市，她从来都是最受瞩目的那个；

但纵然光彩照人，却从不无端生出无谓的花边新闻，她没有那么多华丽的忧伤，没有不甘的求索，没有憋屈的眼泪和无奈，纵然岁月的轻霜爬上脸颊，纵然家务琐事缠身，她仍然可以把生活中平常的时光转换成巨大享受的时刻；

当智慧的双眼看透了生命的终点是死和美的短暂性，她将明媚如水演绎成绝代风华。

同当时很多社交名媛一样，唐瑛成长在一个富足的家庭，父亲唐乃安是清政府获得庚子赔款资助的首批留洋学生，在爱丁堡大学读医科。唐乃安回国后曾在北洋海军任职，后来在上海开了诊所，专给当时的名门贵族看病，收入颇为不菲。唐瑛的外公徐退三先生是浸礼会昆山分会的创办人，笃信基督教。她的母亲徐亦蓁是中国第一所女子大学——金陵女子大学的首届毕业生，曾受过高等教育。因此，唐家不但家境富足、人脉甚广，对子女的教育理念也颇为先进。

唐乃安和徐亦蓁都深受西方文化的影响，在他们眼中，女儿的地位同儿子一样重要，因此，唐瑛的教育从小就受到父母的重视，不但要学习舞蹈、英文、戏曲，母亲还特别注重培养她作为名媛应有的习惯和教养，从衣食住行到谈吐举止，样样考究。除了接受良好的家庭教育，唐瑛还有幸就读于中西女塾，这所名校培养出很多著名女性，比如宋家三姐妹。学校的教育方法非常灵活，不同于中国传统的死板的教读式教育，学校里常常寓教于乐，通过排练文艺节目，比如排演英语小品，来锻炼学生的表现能力，增强学生的语言能力。其实，更为重要的是，学校里主张女子解放和女子自立。在学校里，唐瑛活泼开朗的天性得到最大的释放。这对于唐瑛的一生都影响极深，她自立的人格成就了她淡定优雅的人生。自立才可自强，所以在她的人生中，她始终关注的都是自我价值的实现，她的眼光从未盲目地投向别处，没有人比她更爱自己，所以，她可以对生命保持一如既往的热情。

　　由于在学校表现优秀，常常参加演出，唐瑛从中西女塾毕业，出席社交活动时已经小有名气。当时上海有很多募捐活动，唐瑛在很多话剧表演中都有出色的表现。在1926年江南五所大学举行的运动会颁奖仪式上，主办方请唐瑛前来颁奖，她逐渐成为上海滩的"交际明星"。

　　她有奢华的风骨，但是她的美丽却绝不仅仅依靠这些奢华的名牌，她对时尚很有心得，会把在逛百货时看到的漂亮衣服的款式，然后根据自己的想法和审美稍作调整，总能穿出独特的气质。

　　她对自己的衣着特别精心，出去交际时自不用说，就是没有应酬在家里她也从不邋邋遢遢。早上起来穿短袖羊毛衫，要是出门，她又会换上精致的旗袍，晚上有客人，就再换上西式长裙。

唐瑛的旗袍件件是精品，有一件旗袍据说绲边上飞舞着百来只金银线绣的蝴蝶，缀着红宝石的纽扣，穿在唐瑛身上艳丽无比。她婀娜多姿的身影成为众多记者捕捉的焦点，她的打扮也成为当时上海女性的穿衣指南。

后来，漂亮的唐瑛索性将这种美的能力转化成生产力。

1927 年，她与陆小曼等当时的一些名媛创办了"云裳服装公司"。她们将公司制衣的理念定为在"新"而不在"贵"。开业时，唐瑛和陆小曼还亲自在店内为顾客试穿新衣，一件件漂亮的服装在她们的推广下，成为当时时尚女性不可缺少的装扮选择。一时间，云裳公司的服装风靡上海滩。初次商业尝试，大获全胜，这让本已风光无限的她成为上海滩名媛中的名媛、焦点中的焦点。

唐瑛将对于美丽的心得创造出巨大的商业价值。所以说，美丽的能力也是一种重要资源，对于外表的精心装扮能体现出对生命的珍视，也

更有利于别人发现你优秀的内在，毕竟，能通过你毫不在意的邋遢外表去了解你丰富的内心的，只有你身边少数人。

此刻，有着万丈光芒般耀眼魅力的唐瑛，终于把当时全中国最富有、最受女人推崇的"钻石王老五"宋子文给吸引了过来。

但宋子文的追求，并未得到唐瑛父亲的认可，相反，他极力反对。在那个动荡年代，唐瑛父亲认为，政治可能为家人带来不能预知的麻烦。

而唐瑛倒也潇洒，默默深锁宋子文给她的二十多封情书，将这段感情利落收场。

与宋子文分手后，唐瑛嫁给了宁波"小港李家"——沪上豪商李云书的公子李祖法。李祖法性格内向，做事一板一眼，唐瑛性格开朗，在上海大红大紫，李祖法不因唐瑛的优秀骄傲反倒苦恼，最终两人因性格不合各奔东西。

不久，唐瑛遇到了北洋政府总理熊希龄的侄子熊七公子容显麟。容显麟虽然样貌一般，但为人幽默大方，两人性格相得益彰，骑马、听戏、跳舞、聚会，不亦乐乎，这两个同道中人后来结为连理，唐瑛便随丈夫远赴香港，后又移民到美国。

后来容显麟去世，唐瑛就住到儿子隔壁的一个单元。

她不愿和孩子住在一起，一是不愿拖累子女，二是她依旧遵循着自己的生活节奏。

70年代时，唐瑛曾回国探亲，依旧是一袭艳丽的旗袍。虽已年过六旬，唐瑛对自己的身材依旧信心十足，好事者跑来想唏嘘一下美人迟暮的遗憾，却都徒劳。

晚年在美国，她活得依旧悠闲，有时打打牌，有时听听戏，有时下厨给孩子做做饭，她晚年时也不用保姆，一切都是自己打理。去世时，她没有一般女人的沧桑和恐惧，一脸从容，潇洒离世。

这个高雅精致的女人在奔流不息的生命长河里，用淡定和优雅去修复日渐粗糙的外在，做足了一辈子的美人。

在同时期所有的名媛中，唐瑛活得最自在。岁月流转，心若莲花，不被岁月的年轮压垮，她总会有暗香盈动，在不经意间沁人心脾，令人难以忘怀。

对唐瑛来说，时光也就只能在她

脸上雕刻出皱纹，而即使岁月流逝，经历了太多的人生沧桑，她身上的风情也不会远离，反而变得醇厚、浓重，充满质感。

因为，对她来说，爱情不是空气，爱自己才是必需。

所以，每一段爱情来来去去，她都静静旁观，不像陆小曼耗尽元气，伤筋动骨。

她的爱情观充分体现着一个以"美人"为终身追求的女子精神内核——顺其自然。

同宋子文交往怎么能没有感情？但父亲对政客没有好感，她就当机立断斩情丝，她知道，没有亲人的赞同，就不算皆大欢喜。同李祖法虽门当户对，但是没有共同语言，更不能委屈自己，索性分道扬镳，去寻找下一个春天。

她把主妇一职做得得心应手，事业上也可以帮助丈夫，对孩子的照顾也细致周到，最重要的是，自己不管何时都是装扮精致，赏心悦目。

能拥有丈夫的宠爱、孩子的敬爱，唐瑛不过是在拥有别人的爱之前，做到了先爱自己。

如果能懂得爱自己、善待自己，懂得展现出万种风情的魅力，就可以用气质打败年龄，把阅尽的沧桑都折现成无边的美丽。

爱自己，才是对生命的最大尊重。世界的繁杂是我们每天必须面对的，快乐或悲伤，丰富或乏味，不过一念之间。

你不安，世界更浮躁，很多女人一生忙碌却都是徒劳，这是因为她们想要的并非是她们需要的。

女人，应该寻找到一种内心的松弛状态，生命的单纯与美好全系于平适的心境，心若安好，便是晴天。

生命是自己的，要为自己而活，取悦自己和取悦别人同样重要。

别指望不加修饰就可以对抗岁月，没有人的美丽是漫不经心唾手可得的，精心的保养、适宜的装扮，表里兼修，才能成就一个精致的女人。

试着拥有一个好的心态，因为生命中注定要有崎岖，生活中注定要遭遇挫折，少一些焦虑、浮躁，拒绝让失望和悲观蚕食生命的美好。放松心情去感受"宠辱不惊，闲看庭前花开花落；去留无意，漫随天外云卷云舒"的自在，就会告别生命中的很多沉重。

∽∽∽∽ 静思小语 ∽∽∽∽

没有不甘的求索，没有憋屈的眼泪和无奈，纵然岁月的轻霜爬上脸颊，纵然家务琐事缠身，她仍然可以把生活中平常的时光转换成巨大享受的时刻。这个高雅精致的女人在奔流不息的生命长河里，用淡定和优雅去修复日渐粗糙的外在，做足了一辈子的美人。

吕碧城：爱自己，没有情敌

她出生于没落的晚清，儿时就以诗扬名乡里，后来成为近三百年来最后一位女词人；

她才华出众，成年后成为中国新闻史上第一位女编辑；

她创办了京津一带最早的女子公学，为女性的整体觉醒播下了一粒粒希望的种子；

她留学美国，环游世界，阅尽世间繁华；

她把生命活得处处生动，所以，她一个人到天荒地老，也活得精彩；

她用经历告诉所有女人，爱情不是生活的全部，独身女子的人生别样精彩。

民国时期的名媛照片，大多数都是姿态端凝，表情矜持，深情冷艳。可是，吕碧城的照片中却独有几分张扬神气，有人称之"花繁月圆的饱满，更有气定神闲的笃定"。

美丽分很多种，吕碧城自成一派。

在晚清落寞的光阴中，吕碧城度过了她不太愉快的童年。少年失怙，家产被夺，夫家退婚，后来又寄人篱下。

如果是一个脆弱的灵魂，也就在这

命运的洪波中随波逐流了。

可她是吕碧城，她有超常的生命力、创造力，她习惯于把生命掌握在自己的手上。

她的胆识气魄超于平凡女子。

吕碧城 12 岁时父亲去世，因女儿无继承遗产的权利，母亲和她们四姐妹饱受欺凌。族人霸占了家产，并唆使匪徒将吕母强行幽禁。

姐姐吕美荪的诗描绘过孤儿寡母当时的凄惨："覆巢毁卵去乡里，相携痛哭长河滨。途穷日暮空踟蹰，朔风谁怜吹葛巾。"不甘被恶人欺凌，吕碧城四处求援，写信求助于父亲生前好友，终于，任江宁布政使、两江总督的樊增祥收到了吕碧城言辞恳切的求助信。有权势的贵人施以援手，终于让吕碧城一家渡过难关。

后来寄居舅舅家也是尝尽寄人篱下之苦，20 岁时，吕碧城打算和方君之的夫人一起去探访天津的女学，舅舅不满意一个女子不安于传统，大加指责。受不了舅舅的临行骂阻，吕碧城年轻气盛，竟身无分文跳上了去天津的火车。

来到天津才知没有钱财傍身寸步难行，她只能写信求助于早她一步来到天津的方夫人。幸运的是，吕碧城的手柬无意中被《大公报》主编英敛之看到，过人的文笔和清秀的笔迹让英敛之意识到这是一个很有才华的年轻人。他同方夫人一同与吕碧城见面，听闻她的经历、见过她的谈吐后，更加欣赏这个有胆识、有才华的女子。

于是，英敛之将吕碧城所作的《满江红·感怀》发表于《大公报》上。

晦暗神州，欣曙光，一线遥射，问何人，女权高唱？若安达克。雪浪千寻悲业海，风潮廿纪看东亚。听青闺，挥涕发狂言，君休讶。幽与闲，长如夜。羁与绊，无休歇。叩帝阍不见，愤怀难泻，遍地离魂招未得，一腔热血无从洒；叹蛙居井底愿频违，情空惹。

英敛之随后在《大公报》上刊载了一篇《读碧城女史诗词有感》，对吕碧城诗中表达的感情进行深入解读和赞赏，以文学的方式对其大加肯定："吾中国古亦多才女，而惟以吟风弄月，消耗其岁月者，盖上无提倡实学之举，故皆以有用精神耗于无用之地。今国家如提倡女学，将来女界之人才，当必可观，此所谓时势造英雄也。"

随后吕碧城又在《大公报》上接连发表了一系列关于女权与女学的文章诗词，慷慨高歌女权，言辞间有横刀立马的气概，引起了强烈的反响。她不但成为新女性们的向往和仰慕，众多文坛男子也是众星捧月，常常写诗附和，出现了"到处咸推吕碧城"的盛况。

以过硬的文笔横空出世，将见识与才情一并倾注笔端，吕碧城有不输男人的显赫成绩。

成名之后，吕碧城并未沉迷于已有成就。这个张扬女权的精神风骨的女人自然希望有更多作为。

英敛之早有想法创办女校，于是吕碧城成为这项事业的负责人。

后来，22 岁的吕碧城还出任由天津公立女学堂改名的北洋女子公学校长。

　　吕碧城推广新式女子教育不遗余力。她针对中国传统女子的特点将中国的传统美德与西方的民主、自由思想结合起来，增加西方的自然科学的课程，以"开导女子普通知识，培植后来师范，普及教育"为宗旨，培养了很多女性文化名人。邓颖超、刘清扬、许广平、郭隆真等，都是在这里学习成长的。

　　中国女性的整体觉醒，始终有吕碧城的功劳。

　　即使有这样的成绩，吕碧城还是没有止步于已有成就。

　　"学而优则仕"是中国读书人的梦想，确切地说，应该是中国男人的梦想。吕碧城在文学领域以及教育界的成就让她声名远扬，也有了一次参政议政的机会。吕碧城曾被袁世凯聘为总统府秘书，虽无太多政治成就，但曾有过参政的尝试，吕碧城也算多了一项人生体验。

　　她于1915年辞职，此后不再涉足政界。

　　吕碧城后涉足商界，竟让她赚得钵满盆盈，收益丰厚。她常常谦虚地说自己"略谙陶朱之学"，总之，就算得益于宽泛的人脉也确实让她有了享受生活的资本。

　　吕碧城衣食住行样样考究，自建的小楼金碧辉煌，陈设华丽。

她平日身着欧式衣裙，曾拍过一张照片，胸绣孔雀翎、头戴翠羽，风姿绰约。

"吕碧城放诞风流，有比诸《红楼梦》中史湘云者。且染西习，常御晚礼服，祖其背部，留影以贻朋友。擅舞蹈，翩翩作交际之舞，开上海摩登风气之先。"

吕碧城旅游，跳交谊舞，穿西式裙装，学习英文，然后就开始到各国游历。她曾在美国哥伦比亚大学攻读文学与美术，将看到的国外的新鲜事物发表在上海《时报》上。

在纽约时，她长期入住豪华酒店，又因为气质高贵、衣着考究，交往的也是当时名流，所以，常常被认作东方公主。

曾有名人这样形容吕碧城："以一弱女子自立于社会，手散千金不措意，笔扫千人而不自矜。"

她曾捐十万巨款给红十字会，战争时也常常挥资赈灾。

她将人生的每一步都走得风生水起，当把生活过到极致，也就看破了世事和繁华。

1930年，她皈依佛教，撰写了大量佛学著作，也翻译、印刷了许多佛经。

1943年，61岁的吕碧城在香港九龙辞世。

吕碧城虽然未曾有过婚姻，却不妨碍人生的精彩。

她的魅力与才华曾使她成为名流才俊争相追慕的对象。

但是她却这样说："生平可称心的男人不多。梁启超早有家室，汪精卫太年轻；汪荣宝人不错，也已结婚；张謇曾给我介绍过诸宗元，但年届不惑，须眉皆白，也太不般配。我的目的，不在钱多少和门第如何，而在于文学上的地位，因此难得合适的伴侣。"

这就是吕碧城的"不将就"。

独身女子没有婚姻羁绊，却履迹处处精彩，步伐足够逍遥。

她的一生，活给自己。

在日内瓦湖畔居住时，她写道："斗室精妍，静无人到，逐日购花供几，自成欣赏……虽闭户兼旬，不为烦倦。"

世间能有几人可以阅尽世间繁华，又可以享受没有凡事干扰的平静？

她奢华时，从无人非议，因为她的财富凭自己创造。她皈依时，旁人诧异，而于她自己，世间一切繁华已没有诱惑。

曾文采恣肆征服万人，成为第一位女主编；曾呕心沥血创办学校成为中国近代教育史上第一所女子公学的女校长；曾试图从政，成为袁世凯的秘书，曾跨界经商赚得奢华资本；曾游历各国亲历人间美好，最后皈依佛门，享受最后的宁静。

她哪有精力去纠结感情人心？财富上不需依靠男人，感情上不需男人满足，灵魂不需男人引领，她的人生不需要男人来点缀，这才是独身女子的典范。在吕碧城这里，婚姻对于女人已不再是刚性需求。

不是找不到，是没人可以匹配。

她不躲藏在婚姻背后，给自己脆弱的理由，她也不容忍自己懒惰，放弃自我丰富的机会，她宁可独身也不要婚姻羁绊住前行的脚步，她要亲力亲为地承受人生的重压。

她素雅温柔时，如江南温软的春雨，滋润一树花开；她清丽率真时，如绿杨芳草、桃柳抽芽般轻灵；她洒脱坚忍时，又如陈年佳酿般浓烈。那由天马行空般的灵感而迸发出的生命能量赋予了她强大的个人魅力，使她成为一颗不夜的明珠，光芒四射，熠熠生辉。她的目光始终朝向高远的外在世界，让生命得以升华，让灵魂得以丰盈。

能够在岁月的长河中留下不可磨灭的身影，并非是因为她美丽的外貌、优雅迷人的气质，而是因为她让我们领略到独身女人的强大和美好前景。

不去依靠谁，自然不用取悦谁。

不用将生命的希望寄托给谁，也不用害怕苦心经营的幸福毁于谁。

她只爱自己，没有情敌。

不做别人人生的配角，全力实现自己的快乐。

把自己的生活安排得丰富多彩，每一天过得充实而有意义，这比起那些为了结婚而将就出嫁的女人要快乐得多。

❀❀❀ 静思小语 ❀❀❀

生命是一段需要全情投入的旅程，认真地生活，不断修炼自我，才能真正感觉到时光的无悔和人生的意义。不放弃对精神领域的建构，才能超越琐碎和庸俗，不断地学习，不断地向上，才能洞悉一切，散发出成熟的魅力。

与逆境共处的智慧

郑念：用坚强抵御生命的无常

她的生活曾风和日丽：名校毕业，留学英国，家世优越，供职外企，婚姻美满，女儿聪慧；

她的生活也曾乌云压顶、身陷绝境：中年丧夫，七年监禁，晚年丧女，九死一生；

65岁时，她定居国外，积极生活，即使容颜老去，眼神却晶亮幽邃；

94岁时，她孑然一身，寂静离去，带着万般磨难后的勇气与尊严。

郑念出生于北京，父亲曾留学日本，后任北洋政府官员。她是一个成长在开放西化的家庭的知性女子，在南开女中就读时，她曾因美丽的容貌与不凡的谈吐修养四次登上《北洋画报》的封面，成为那个年代一道迷人的风景。

郑念原名姚念媛，改名是为了追念早逝的丈夫。她与丈夫郑康祺相识于英国，两个人同在英国伦敦留学，郑康祺虽不是世家出身，但是为人勤奋努力、博学多识，因此郑念完全不理会所谓门当户对的传统观念，毅然与其结为伉俪。丈夫并未让她失望，完成学业归国时，因为自身的学识和能力，郑康祺成为一名外交官，被派往中国驻澳大利亚大使馆工作。那时抗日战争已经爆发，但是郑念一家并未遭受战争之苦，在澳大利亚平静地生活了七年，其间，家里还多了一位新成员，唯一的女儿出生了。1948年之后，夫妻二人回到了中国，定居上海，郑康祺在上海继续担任外交官，后来转任壳牌公司上海办事处总经理。这期间，她的生活依然精致优裕，不用为金钱及生活琐事所累，饮食起居有仆人和厨师照料，自己又有雅致的情趣，多年的旅外生活让她更乐于与外国友人交往，她平日读书看报，虽优越却不张扬，她爱穿旗袍，古典沉静又有些魅惑性感。

1957年，郑康祺突然患病去世。对于丈夫的离世，郑念的痛苦自不必多说，但作为一位新女性，她知道如何走出这样的阴影。她接受了壳牌公司邀请，成为新任总经理的助手。这并非是因为她是前任经理的遗孀才获得工作机会，更主要的是，她有熟练的英语交流技能以及被西方世界极为认可的文化气质。而工作对于她来讲也并非为了谋生，郑念不但家产丰厚，国内外银行的存款也数以万计。工作的忙碌也许可以让她忘记亡夫的痛苦，作为伦敦经济学院的毕业生，这份工作自然完全可以胜任。从1957年到1966年，虽偶感孤立无援，但波澜过后，她依旧把自己和女儿的生活照顾得很好。

她的女儿郑梅平虽然出生在国外，从澳大利

亚回国时已经6岁，但显然，她更多的是受中国文化的影响。在动荡刚刚开始时，郑念曾有机会去香港，可是，在征求女儿意见时，女儿却不肯离开。郑梅平遗传了母亲的基因，外貌极其漂亮，她在中学就经常演戏，后来在电影厂工作。"文革"开始时，她在文艺小分队，经常到各地演出，她在演出时还经常同当地人一起劳动，在这样的生活中她感觉到充实满足，因此不愿意离开，而郑念自然不肯放心把二十二三岁的女儿独自留在内地生活，因此她没有申请马上去香港。正是由于一个母亲对于女儿的尊重和顺从，让她们的生活从此进入严酷的黑夜。

郑念曾在英国留学，后又长期供职于外资公司，因此她被指控为英国间谍，并开始被疯狂猜疑和漫长迫害。家庭遭到洗劫和摧毁，陈设的明清古董被砸烂，连住的床铺都被搬走，最后，她被关进单身牢房，一待就是六年半，经受过无数精神和肉体的折磨。

在狱中，郑念首先面对的是如何反驳对于她里通外国、为英国人充当间谍罪名的指控。本来就是莫须有的罪名，没有任何证据，只不过审讯人员气焰无比嚣张，他们觉得这样完全可以让一个柔软的女人承认自己的"罪行"，可是这个女人却用无可辩驳的道理将质询她的审讯者弄得哑口无言。审讯者无法从精神上制服她，自然气急败坏，于是她便遭到殴打、饥饿、病痛的折磨。她曾经被手铐反扣很多天，双手血迹斑斑，每次如厕后拉上裤侧的拉链时都痛如刀割，她却没有一次因为疼痛而衣不蔽体。有人好心劝她用放声号哭来博取同情，她却说："我实在不知道该如何才可以发出那种号哭的声音，这实在太不文明了。"

日复一日的审讯让她有些筋疲力竭，还有极其简陋的房间、阴暗的光线、杳无音信的亲人，这些都让她感到有些绝望，她在后来的回忆录中写道："如果我失去清醒思考问题的能力，那要比头发大把脱落、牙龈出血和体重骤减更使我害怕。"

她知道一个人如果被消磨掉意志才是最大的酷刑，不管外部环境是如何严酷，自己都要保持头脑清晰。于是她通过背诵唐诗来保持不服输的斗志。李子旸在《郑念以及她的上海生与死》一文中写道："古典人文教育确实是世界上最宝贵的东西。接受过这种教育的人，即使没有专门研究过哲学、政治学、经济学等学科，也自然会对人的权利、尊严的体验和珍视，有对自由和正义的向往，有对邪恶势力的天然厌恶和警惕。他们中的杰出者，如郑念，还会因此而具有对抗邪恶的无尽勇气和坚定决心。"

这样的努力和坚持还是让她看到一点儿成绩，在交代材料的底部，落款是"犯罪分子"，郑念每次都不厌其烦地在"犯罪分子"前面加上"没有犯过任何罪的"这几个字。在多次重写交代材料以后，再给她的纸上终于不再有"犯罪分子"这个落款了。

在狱中，她隐隐约约有一种不祥的预感，女儿从没有来探望她，这绝不仅仅是要划清界限这么简单。她缜密的思维怎么可能猜不到女儿是出现了意外？只是，作为母亲的她不愿相信这样的事实，直到出狱后，她才知道，女儿已在她入狱期间被毒打后坠楼身亡。

相信这世界上再没有任何伤痛能苦于白发人送黑发人了。

郑念并不是那个时代唯一的受害者，但她可能是最坚强的那个。

1980 年，郑念离开上海前往香港，后定居美国。已经六十几岁的她，身体经过多年在狱中的折磨因此总是疼痛难忍，尤其是关节的疼痛。但她积极地适应在美国的生活，自己开车，去银行，写书，演讲，94 岁时因肾衰竭辞世。

从郑念年轻的照片来看，确实不负美女的盛名，而看到她头发花白时的照片，你才真正会惊叹于岁月在一个美丽的女人身上留下的优雅。

她幽邃晶亮的眼中有提防外界的警觉，有坚不可摧的强硬，有无所不知的睿智，有看淡一切的从容。

也许正如福楼拜所说，一位真正的贵族不在于他生来就是个贵族，而在于他直到去世仍保持着贵族的风采和尊严。郑念用自己一生的经历向世人诠释了一个名媛的所有内涵。

生活的价值不来源于男人，不来源于物质甚至不会受外界各种阻力的羁绊，绝不用泪水和软弱背叛正确的价值观念，也不用"不文明的大声号哭"去获得同情。在反抗外部环境的压迫无果时，不断丰富自我来获得生活的意义，再黑暗的时光她都可以看到生命的希望。

也许每个人随时都要承受命运突如其来的考验，命运的变幻让人措手不及。或许就是在这一瞬间，心灵的卑微与高贵便呈现出不同的姿态，愚钝者，改变自我去迁就一份貌合神离的情感；

睿智者，参透了生命的真谛，去焕发生命不竭的光彩。

郑念说："如果我失去清醒思考问题的能力，那要比头发大把脱落、牙龈出血和体重骤减更使我害怕。"这是一个强者的姿态，也是一个智者的心声。没有一个清醒的头脑，怎么能在纷繁的世界中不随波逐流，不仓皇失措？如果她没有用理智的头脑看清动乱终会终止，公平必将到来，她又怎能在苦难中坚守？而这一份理智、这一份清醒又来自哪里？

早年留学国外开阔了眼界、年轻时认真读书，就是在狱中，郑念还坚持背诵唐诗。所以说，没有一分生活智慧是与生俱来的。千万不能轻视知识的力量，也不要对学习有任何懈怠，内在的积累越薄弱，外界环境的影响越巨大。没办法用坚定的内心去面对多变的环境，人才会越来越不快乐、越来越不自由。日复一日，一件琐事都可能是压倒你的最后一根稻草。

当生活变作负担而不是乐趣，这就是对生命的亵渎。而只有积极地活着，才是对生命最大的尊重。

郑念在安逸时从不受宠若惊，也不曾傲慢骄纵，困顿时从不大呼小叫，依然保有自尊。当岁月的伤痕与生命的苦难不期而至，也许人生最大的勇敢之一，就是经历伤痛之后，还能保持自信与能力。

所谓精神贵族，也许说的就是这样一份从容。

里希特有一句名言："苦难犹如乌云，远望去但见墨黑一片，然而身临其下时不过是灰色而已。"也就是说，苦难也好，逆境也罢，都并非我们想象中那么难以跨越。当生命中的遗憾我们无法绕过，也无法逃避时，不如想办法突破生活和命运的樊篱。

就将生命当作一场随遇而安的旅行，不管是顺境逆境都当作是风景。用积极向上的心态去面对人生，自然可以打破一切烦恼、忧虑的屏障。只要心存美好，坦然面对，总会看到想看的风景。

❦❦ 静思小语 ❦❦

也许每个人随时都要承受命运突如其来的考验，命运的变幻让人措手不及。或许就是在这一瞬间，心灵的卑微与高贵便呈现出不同的姿态，愚钝者，改变自我去迁就一份貌合神离的情感；睿智者，参透了生命的真谛，去焕发生命不竭的光彩。

潘玉良：在流言蜚语中成就传奇

她曾是芜湖迎春坊的一名雏妓，出身贫寒，地位卑贱；

她也是芜湖新任海关监督潘赞化的小妾，得以赎身，跳出火坑；

她幸运地接触到绘画，人生从此别有洞天；

她曾两次远渡重洋，在巴黎从事艺术活动达50多个春秋；

她是一代画魂，享誉中外；

她曾因为出身遭到轻视，只能与丈夫长久分离；

她倾尽毕生心血和精力，在艺术的世界成就不朽；

她用她坚韧的灵魂演绎了一个极富传奇色彩的逆袭人生。

很多影视作品总是会把潘玉良演绎成绝色佳人，于是，她之后的一切成绩也似乎理所当然，理所当然会有人英雄救美，理所当然美人就有大智慧，而美人的故事总是更能拨动看客的神经。

可是当你看到潘玉良的照片，你会发现，她相貌平平，苛刻一点儿来说，她的五官甚至有些丑陋。而她的人生本来就不是以相貌取胜的。

她在生命历程中，能取得如此成就，是因为有坚不可摧的灵魂，她幸运地找到了自己最了不起的特长，并为此付出极大的辛苦和努力。她从最黑暗的社会底层去仰望生命的曙光，她挣扎，渴望蜕变，她用高超的笔触去探寻生命的神秘，并最终找到灵魂的寄语。

同民国时代众多名媛相比，潘玉良有着太多的与众不同。她出身卑微，曾在妓院生活的经历让她饱受争议。

1895 年，潘玉良出生于江苏扬州，这个山清水秀的风景胜地并未给这个女孩太多的安逸。潘玉良出生后不久，父亲病故，8 岁时母亲也撒手人寰。父母的双双离世让还未成年的女孩从此无依无靠。无奈，投奔于舅父家寄人篱下，舅父却沉溺于赌博根本不想承担这个额外的负担，并常常在赌输之后对她拳打脚踢，将所有的烦闷发泄在这个无辜女孩身上。潘玉良在这样的环境中生活了 5 年。13 岁时，嗜赌成性的舅父从她身上看到了"财源"，于是将她骗到安徽芜湖，卖给那里的妓院。

在这样一段童年生活的经历中，没有丝毫的温暖、幸福快乐可言，有的只是悲惨和不堪。在那么多关于潘玉良的童年资料中，很少有她对于那段生活的回忆，那些"孤独""难过"之类的主观词汇很少出现，资料中记述她很小就这样生活，仿佛她有与生俱来的能力可以承受这些苦难，因为，她之后要承受的比这些还多。

虽出身贫寒，但潘玉良性格倔强，绝不愿卑微。在妓院的生活，如果她肯顺从，说不定会比在舅父家好得多，但她不想过这样的生活。虽然年纪不大，但她却有超越年龄的成熟，她看到妓院的女人虽然衣食无忧，可是出卖灵肉被迫顺从的生活更是悲惨，女人在这里要谄媚讨好，同不喜欢的人甚至是十分厌恶的男人逢场作戏，也许别人可以为了温饱而妥协，但是潘玉良却拼命反抗。

于是，她看准一切机会想要逃出妓院，可是妓院已经有太多处理逃跑妓女的经验，尝试几次不但没有成功，还得遭受一次次的毒打。她还曾经上吊，自毁容貌，种种极端行为也没能改变现状，对于妓院来讲，从她来的第一天起，就没有了普通人的自由，她的任务就是成为一个赚钱的工具。潘玉良不得不听从安排，学一些吹拉弹唱的技艺，以取悦寻欢作乐的客人。长相平庸的她，却显示出不一般的艺术天赋，她不爱唱吴侬软调，却爱唱京戏，尤爱唱黑头、花脸，这在当时的花街柳巷中无疑是一种豪举。

　　就是这样一段她想尽办法摆脱却无能为力的妓女生涯成了无数人讽刺她的依据，在她进入高校学习美术时，有人退学，声称"誓不与妓女同校"。她的《人力壮士》作品展出时，被写上"妓女对嫖客的颂歌"。相比人生的众多苦难，世俗的偏见恐怕最让人难以承受。

　　能从妓女的身份变作一代画魂，潘玉良最感谢的，就是丈夫潘赞化。如果没有潘赞化，她怎么能有机会将脂粉化为油彩，重新涂抹自己的生命？

　　两人的相遇，仿佛命中注定。

　　"不是爱风尘，似被前缘误。花落花开自有时，总赖东君主。去也终须去，住也如何住？若得山花插满头，莫问奴归处。"17岁的潘玉良轻拨琵琶，将早已烂熟于心的曲调珠圆玉润地唱出，这曲《卜算子》古调格外能唱出她的心声，词中倾诉的被迫堕入风尘的无奈，不正是自己的心声吗？这份哀怨在厅内婉转回荡，也拨动了一个男人的心弦。

这天的客人是海关监督潘赞化,因为来芜湖上任,当地乡绅富豪为他接风宴客,特地找来潘玉良弦歌助兴。潘赞化早年有过留学日本的经历,也曾追随孙中山参加过辛亥革命,追随蔡锷参加护国运动,后来告别军旅生涯,开始从政。听到如此辛酸悲凉的唱腔,他便在席间同她有了几句交谈,只是寥寥数语,他们便惺惺相惜。因为这样一位懂得民主、自由的人听得出这位歌女演绎的是渴望幸福和自由的旋律。

乡绅富豪看出端倪,便赶紧顺水推舟将潘玉良作为他们孝敬监督的礼物送进了潘家宅邸。

对于身处这样环境的很多妓女来讲,每一个客人都恨不得是自己可以抓住的救命稻草,如果能替自己赎身,就可以离开这个人间地狱。没有人喜爱这卖娼营生的日子。可是潘玉良却很少将改变命运的希望寄托在这些嫖客身上。

在潘赞化的府邸,对于身世,对于生活,两人必定是做了很深的交谈,以至于潘赞化越发欣赏这个与众不同的女人。一个男人为了一个妓女赎身并不稀奇,因为,通常这样的女人都有美艳的外表。可是,潘玉良不过相貌平平。能吸引潘赞化的,应该是那个曾经历无数苦难却依旧倔强的灵魂。当他说出要救她于水火之中时,让他惊讶的是,潘玉良没有感激涕零的狂喜,只是说:"乡绅富豪把我送来,您虽是好意救我,却欠了他们一个人情,日后必将有不得已却不得不回报他们人情的时候。"她不愿因为自己令别人为难。

潘赞化听后,也更加欣赏这个与众不同的女人。

　　不久，潘赞化替她赎身，并在陈独秀的证婚下，与她正式结为伉俪。

　　潘赞化在乡下是有一个原配夫人的，作为受过"五四"思潮影响的年轻人，他从不曾打算纳妾，遇到潘玉良也是因为感情特别投缘才希望能一起生活。而乡下的夫人非常不愿意自己的丈夫娶一个妓女出身的小妾，生活中，对潘玉良也就诸多刁难。

　　三个人的生活也时常波涛暗涌，并不十分愉快，于是，后来有机会，潘赞化带着潘玉良从芜湖来到上海。

　　在上海，潘赞化经常在外面奔波，潘玉良待在家里无意间看到邻居作画觉得很有兴趣。这个邻居是上海美术专科学校的教授洪野先生，绘画水平很高。当时潘玉良并不懂得绘画艺术，就是偶尔跟着临摹涂鸦，画起来也有模有样，这样的天赋被陈独秀发现，他就劝说潘赞化让潘玉良去跟着洪野先生学画，潘赞化也开通明理，自然赞同。于是，潘玉良就这样成了一位绘画教授的学生。

也就是从这时开始，她有机会用油彩重新涂抹自己的人生。

在接触到绘画后，潘玉良的潜质迅速被激发，绘画水平也飞速提高，她希望能到正规的院校学习，于是在丈夫潘赞化的鼓励下，潘玉良报考上海美专。

对潘玉良来讲，考试并不难，入学却遭遇了最大的困难。

入学考试时，她的成绩最好，可在发榜时，却并没有她的名字。当时美专的教务主任考虑到美术学校的特殊性——时常有人体绘画，在当时已经很不被众人理解，经常受到社会各界的攻击，若再接受一个妓女出身的女子，会引起更大的风波，就没有录取她。爱才心切的校长刘海粟却顶着社会压力，提笔在榜上添上她的名字——就这样，潘玉良成为上海美专的第一个女学生。

在上海美专，她学习刻苦，因为这样的学习机会来之不易，而绘画也成了她最痴迷的爱好，她将全部的精力都投入绘画当中。

在三年的学习中，她接受的是基础的绘画练习，进行了大量的素描、速写和写生。她最感兴趣的，对她来讲也是最有挑战的，应该是人体。由于当时世俗的观念还不能接受裸体绘画，模特很少，她为了更好地创作，有时就去浴池观察，这也常常遭到非议，不得已，她就常常在家里，插好门窗，拉上布帘，坐到穿衣镜前，给自己当模特。在这样的练习中，她逐渐地提升了创作水平，在她所画的裸体中，仿佛能触摸到肌肉的弹性，能感觉到血液在皮肤下流淌，当她的习作在学校中展出时，因为超越常人的水平曾引起一时轰动。

　　随之而来的，自然有一些非议和诽谤。有人开始月她的身世做文章，又因为她所从事行业的特殊性，更是招惹得污言秽语漫天飞扬。她又一次感觉到前所未有的压力，这样的压力，不是靠一己之力就可以摆脱的，随着她名气的变大，压力也随之增大，她预感到，这会影响她的创作。

　　幸运的是，她的丈夫一如既往地支持她。这样的支持是发自内心的信任，更重要的是，他愿意创造一切有利条件帮助她成长。

　　刘海粟曾对潘玉良说过："西画在国内的发展受到很多限制，毕业后还是争取到欧洲去吧！"潘赞化也认为要使潘玉良真正有所成就，就得帮助她摆脱这个令人窒息的为封建思想所包围的恶劣环境。当时恰逢留法勤工俭学之风兴起，潘赞化千方百计地通过安徽省教育厅为她取得了官费留学的名额。于是，潘玉良远渡重洋，开始了第一次欧洲之行。

　　这一走，竟去了七年。这七年里，她在艺术上有了更大的长进。

　　她先后师从达仰、布佛莱教授和西蒙教授学画，同徐悲鸿一道在艺术的道路上砥砺前行。很快，她的作品得到了国外艺术家的认可。1927 年，她的油画《裸女》入选罗马国际艺术展，获得金质奖章。

　　她的同学徐悲鸿曾这样评价她："夫穷奇履险，以探询造物之至美，乃三百年来作画之士大夫所决不能者也……士大夫无得，而得于巾帼英雄潘玉良夫人。"

于是，曾经历经磨难的孤女在一点点地创造属于自己的辉煌。而对她付出最多的，还是那个无论是精神上还是物质上都默默给予她最大帮助的，也是她唯一的亲人——潘赞化。

　　学习和生活的费用都是一笔不小的支出，潘赞化的经济收入已远不如从前丰厚，但是他从未表现出半点儿为难。

　　于是，终于等到那日，她学成归来，衣锦还乡。

　　可以想见，久别重逢是如何欣喜。七年的分离足以考验一对夫妻。没有疏离，没有隔阂，潘赞化开心，因为她归来，更因为看到她的成长，他对她的感情早已超越爱情，他从不求福德一致的回报，他更像是她至高无上灵魂的伴侣，竭尽所能地为一个追寻自由与美丽的灵魂提供无限的空间和可能。

　　而对于潘玉良来说，除乐于在绘画艺术上寻求美与自由之外，回到中国，她希望能同丈夫团聚，享受家庭的温暖，并能学有所用，将欧洲吸收到的精髓授予祖国的学子。于是，她接受导师刘海粟的邀请，回到上海美专任教，之后还被南京中央大学艺术系聘为教授。

　　但是，纵使她百般努力，世俗始终不愿放过她的难堪。

　　1936年，潘玉良举办个人画展，她的作品仍是以人物为主题，尤其是那幅《人力壮士》，是结合当时日本侵华的背景悲愤而作：一个裸体的中国大力士，双手扳掉一块压着小花小草的巨石，岩石下脆弱的小花才得以绽露笑脸。

　　她不能凭一己之力改变祖国的命运，但是，她希望用自己心中的激情和画笔下迸发的千钧之力来激荡起国人奋起的决心。

奈何，少数国人沟渠般狭窄阴暗的心灵丝毫映衬不出她如明月般殷切的希望之光。

在即将开展之时，有人蓄意破坏画作，还留下一张字条：妓女对嫖客的颂歌。

这污蔑带来的伤痛远比曾经受过的任何责骂毒打都来得惨痛。

她千辛万苦，只身一人远赴他乡，全身投入艺术创作，只为找到生存的尊严。在异乡她获得了认同和尊重，满心欢喜回到祖国，却被伤害得体无完肤，尊严被无情践踏。

对于潘玉良来说，自始至终，不管身份为何，自尊为大。

所以，她只能逃到一个允诺她获得尊严的地方，一个可以埋葬过去的地方，一个不再有歧视和诽谤的地方。

潘玉良选择了巴黎，在那里，她决定做一个"三不女人"：不谈恋爱，不加入外国籍，不依附画廊拍卖作品。能做到这三点的女人很多，可她一做，就是 40 年。

不依附画廊拍卖作品，是因为她希望自己有更多的独立创作空间。

她专注于艺术创作，也进行了很多艺术创新。虽然在她的艺术创作中更多的是采用西方技法和文化，但是，她源于内心强烈的难以泯灭的民族意识让她逐渐尝试把中国画中的线引入油画创作中，在色彩处理上也更具主观倾向。

于是，她用她与众不同的经历和性格，倾毕生心血和精力，用独特的女性身份追寻一条不同寻常的艺术之路，成为 20 世纪前期贡献最为突出，也最具代表性的女性艺术家。

即使你对绘画艺术并不精通，对于艺术鉴赏也并不专业，但是，你却依然可以感受到她画中蓬勃的生命能量。她毫不遮掩对于女性裸体的歌颂，她酣畅泼辣的笔触总能绽放出别样的精彩，有人说，画中人并非现实所有，不过是她用想象构筑起的理想之物。

在她独享艺术世界的自由与美好的同时，现实生活的窘迫也让她举步维艰。

1940年，纳粹的铁蹄践踏了巴黎，潘玉良唯一的画室也没了，生活早已入不敷出，难以为继。

也许是上天眷顾，在她最困难的时候，总是有人愿意无怨无悔地伸出援手。

在她有限的朋友圈中，就有这样一个默默支持她的朋友。他叫王守义，曾同周恩来、郭隆真、傅钟等一批留法学生共同在巴黎学习，后来准备回国与一些爱国志士一起抗日，却遭到国民党驻法国组织的追杀。王守义一度到瑞士避难，后来重回巴黎，就和同乡开了一家中餐馆。

在结识潘玉良后，他常常照顾这位只知创作不顾生活的画家。

在她饥寒交迫、食不果腹时，他送来面包和咖啡；画室漏雨无法作画时，他就买来材料修葺屋顶；她独自创作没有灵感需要与朋友接触扩大艺术视野，他就帮忙举办艺术沙龙，竭尽所能地为她提供一切帮助，让这位天才画家即使在最落魄的岁月里，也没有停止追寻艺术的脚步。

潘玉良的绘画和雕塑作品逐渐在法国引起轰动，曾被法国教育部、美术馆和博物馆收藏，也获得了法国金像奖、比利时皇家艺术学院艺术圣徒奖等多项奖项。

1954年，法国曾拍过一部纪录片《蒙巴拿斯人》，作为片中唯一的一个东方人，潘玉良成了这个地区著名的文化名人。

这时，距离她第二次离开中国已有十多个年头。在整日忙于创作之余，她怎能不思念家乡的亲人？她走时中国一片腥风血雨，到了巴黎后，也与潘赞化失去了联系，直到1952年才收到潘赞化的来信，信中丈夫告知自己的近况，他已在安庆居住，并任安徽省文史馆馆员之职。丈夫在信中自然希望她早日回国团聚，多年漂泊在外的她也是归心似箭，可是当时原定要举行画展，她打算完成后回国，而等到这一切就绪时，事情又出现变故。潘赞化在后来的信和她说起，儿子潘牟（潘赞化大夫人所生）被打成"右派分子"，潘玉良也并不适宜此时回国。潘玉良只得再等时机。这一等，又是十年。1964年，中法正式建交。王守义给中国驻法国大使馆写信，辗转打听到潘赞化的消息，结果让潘玉良悲恸欲绝。早在1959年，潘赞化就已撒手人寰。潘玉良期待已久的与潘赞化团圆的美梦彻底破灭。

她一生中从来没有像此刻这样感到孤独和寂寞，潘赞化在她的心中的分量不言而喻。

65岁的她，忧郁成病。

这就是她的爱情，不同于俗世的模范夫妻那样举案齐眉、白首相依。几十年的分离，他们将热情悄悄地埋藏心底，她为尊严，他为成全。

他在她心中永远精神奕奕，一如当初救她于水火之中般英勇潇洒。聚少离多也不曾冲淡百般深情，阴阳两隔也必定不会使这感情有半分削减。

虽然他已离去，她依旧想重回故里，以解乡愁。她写信给儿子，希望可以办理好探亲手续，带着作品荣归故里，却只可惜，夙愿终究未了。再等到合适时机时，她已百病缠身，无法远行。

1977 年 7 月 22 日，潘玉良在巴黎逝世。

临终前，她向最好的朋友王守义交代了三个遗言：第一，死后为她换上一套旗袍；第二，将她一直戴着的镶有她跟潘赞化结婚照的项链和潘赞化送给她的临别礼物怀表交给潘家后代；第三，一定要把她的作品带回祖国。

项链和怀表她贴身珍藏了 40 年，银壳怀表是蔡锷将军送给潘赞化的珍贵礼品，潘赞化在分别前送给潘玉良当作临别纪念。而项链中系有新娘、新郎照片同心结，是两个人爱情的信物。

王守义不负重托，认真帮她完成遗愿，只是，他虽尽所能，却还是没能将她的作品带回中国。

2014 年，潘玉良 1946 年的作品《窗边裸女》在保利香港春季拍卖会中开槌。画作以 2000 万港币起拍，后又经五轮竞价，最终以 3453 万港元的成交价卖出。

这样高昂的价格应该是世人对潘玉良艺术成就最大的认可。不再耿耿于怀她身世的不堪，没有了当时偏见和嘲讽的有色眼光。世间并不全是狰狞的人性与污秽的眼睛，多年后，人们从她的画作中感受到一种蓬勃的生命状态并为之而感动，那一条条水墨勾勒出的精湛铿锵的线条，所描绘出的体态如地母一样的健壮的女体，从容而优雅，冲淡了人性的无知和丑恶。

在世间纷扰的嘈杂中，总有人愿意在别人的人生中指指点点，他们喜欢躲在阴暗角落窥视，然后抓住一切机会去诋毁别人的成绩。千万不要迷失在别人的评价里，而是要对自己保持最基本的信任，相信自己的价值，相信自己的梦想，更要懂得抓住梦想绽放的瞬间，成就一个更精彩的自己。

❧❧ 静思小语 ❧❧

即使对流言和诽谤伤心不已，她也从未因此放弃人生，即使容貌不娇媚，她身上所散发的魅力依旧，这是因为她用一种更为超拔的视角去审视自己的人生。她知道只有梦想的实现才可以让人生绽放不一样的光彩，生命才能有不一样的活力，而她才可以跳出并超越别人为她设置的人生陷阱。

郭婉莹：有忍有仁，精致有 fun

她是上海的金枝玉叶，家族掌管上海永安百货公司，她从小锦衣玉食；

她不骄纵，有理想，她的理想是过"有 fun"的生活，读书、择偶都以此为准则；

她尊重的是一个人在生活中的权利，她享受的是生活带来的每个乐趣；

她在动荡的岁月中经历了可怕的事、危险的事、伤心的事，可是她并未大呼小叫；

她流淌的是真正贵族的血，具备嵌入骨髓的优雅；

她身上有着任何困苦际遇也颠扑不破的精致；

她是真正的贵族。

郭婉莹大多数时候都会被叫作 Daisy（戴西）。

戴西是她的英文名字，她从小在澳大利亚生活，6 岁时，全家搬到了上海，她的父亲是上海永安百货公司创始人。在旧上海，永安、先施、新新、大新四大百货公司代表着最新的商业业态，其中，上海永安百货公司最负盛名。

作为郭家四小姐，自然从小锦衣玉食，一切应有尽有。她家住在一栋西式带花园有鲜花会客厅的大房子里，这里还经常举办晚宴舞会，她就像是生活在城堡中的公主。

郭家的财富经常被人觊觎，所以，家里都避免让儿女在公共场所出现，他们只有很少的机会公开社交，他们的朋友差不多就是宋家的儿女。宋子文每天都在这里进进出出，宋美龄和郭家二姐姐波丽形影不离。戴西的朋友不多，有时她也渴望云学校结识更多的朋友。

　　11 岁时，戴西进入中西女塾读书。在这里，她接受了当时最好的教育。

　　中西女塾是一所美国基督教女子中学，宋庆龄和宋美龄都曾在这里就读。戴西读书时，她们都已从这里毕业。贵族化的学习风格始终不变，这里面对上海上层阶级的女儿，注重培养的是学生的综合素质，成就一个年代名媛的淑女名誉。这里用英语授课，教材也是选用全套美国教材，课程设置有音乐、体育、科学等科目，除了这些理论知识的学习，学校更注重的是培养学生严格的教养。这教养就包括，不以金钱为基础的道德和素质，即使是一夜之间千金散尽，教养也深植其中。

　　戴西 11 岁入学，19 岁时从中西女塾毕业，八年的学习经历加上她极其优越的家庭背景，让她的身上有着不可磨灭的独特气质。

她很多时候都是淡定自若，在毕业之后，她渐渐穿起中式服装，当有人采访她时问她："你为什么要坚持穿中式衣服呢？"她说："没什么理由，因为喜欢，所以做了。"她就是这样，说不出什么辉煌的字眼，很多事情都是因为喜欢，因为"有fun"所以去做。

毕业后，家里为她选定了一门亲事，富家子弟艾尔伯德成了她的未婚夫。要不要与这个人共度一生，戴西有自己的判断。经过一段时间的交往，她发现艾尔伯德的人生观价值观和自己不太一致，这要从一次关于丝袜的谈话说起。艾尔伯德送给她美国玻璃丝袜的时候说："这袜子真结实，穿一年都不坏。"听起来这是一个务实的男孩，也许做个丈夫正合适，可是戴西却觉得，一个男孩关注的是丝袜结不结实，无趣，no fun，所以不是首选。她拒绝了这门亲事，自己前往北京求学。在当时的社会背景下，有很多这样的富家女孩，为了宏大的革命理想有奋不顾身的热情。可是戴西又与她们不同，她没有革命情结，却是优秀的理想主义者，她向往美好的人生，这样的美好人生大概主要一个主题：有fun。

这就是她的个人理想，她要尊重自己在生活中的权利。

于是，当她对儿童心理学产生了兴趣，她就成了燕京大学心理学系的学生，并在毕业时获得燕京大学毕业证书和理学学士学位证书。

而当她在遇到极其有趣且风流倜傥的吴毓骧时，她觉得这个人才应该是自己的人生伴侣。

吴毓骧母亲的奶奶是林则徐的女儿，因为出自书香门第，他在气质上独有一种清雅，加上人又聪明，19岁就考上庚子赔款的公费留学生，到清华大学的留美预备部读书。在麻省理工学院，他主修电机工程，辅修工商管理。他很快适应了美国新鲜自由的生活，对一些新鲜流行花样甚至无师自通，满脑子都是新鲜主张。毕业回国后，吴毓骧先在清华大学教书，可是已经习惯了美国自由散漫生活的他不喜欢这份清苦刻板的工作，他辞职回到上海虹口，成了一家外国牛奶厂的行政人员。外企的工作习惯让他很适应，一年四季穿笔挺的西装，工作洋派又自由。到了订婚的年龄，家人给他找了一门亲事。

他这样的人自然不会随随便便就同一个陌生女人共同生活。他拿出三百块钱给来相亲的女子，让她随便上街买自己喜欢的东西。这个女人买回来一堆花布和胭脂粉盒，他很不喜欢这样俗气又平庸的女人，便断然回绝了这门亲事。

在择偶这一点上，他倒是和戴西有着惊人的相似。

戴西选男朋友，自然不看重金钱，她的生活已经不需要别人的金钱给她带来安逸，也不太在意所谓的前途，她反倒不喜欢那些踌躇满志的男人，因为她也不需要一个前程似锦的男人给她所谓的风光，这就是一个富家女孩的优势。她只需要一个有共同语言、共同爱好的男人，这样两个人就可以追求以快乐为本的生活。

吴毓骧的性格显然满足了戴西对幸福婚姻生活的要求。

25岁时，戴西嫁给了吴毓骧。郭家嫁女，场面自然十分隆重。

在婚纱照中，戴西就像西方的公主，典雅高贵，长长的眼睫毛优雅地扬着，眼中流露出喜悦，有种安静的美。

关于对婚姻生活的憧憬和期待，戴西有一段回忆：

婚礼的前夜，我突然意识到明天我们得在一起吃早餐了。我一点也不知道我丈夫的饮食习惯，我们在一起吃过午餐和晚餐，在一起喝过茶，但从没在一起吃过早餐，而且我发现我们也从来没在一起商量过这件事。"那么，"我想，"我得准备一下。我不能让他发现我是一个无能的家庭主妇。"

我脑子开始飞快地转起来。是不是应该准备中国式的早餐呢？稀饭加上肉松，腌黄瓜，花生和松花蛋，还有豆类小菜。或者他会更喜欢西式的？于是我回忆从前我在马尼拉或者香港的酒店里住的时候，吃过的典型的英国早餐，我不想出错。

第二天早上，我起了大早，指挥我家厨子准备我们新家的第一顿早餐。我亲自摆了桌子，然后去叫我丈夫，告诉他可以下来吃早餐了。

我们坐在桌子前，我着手做新鲜桔汁，然后在麦片粥里加了牛奶和糖，可我什么也吃不下，只是忙着照顾他。好容易等早饭吃完了，我紧张地看着他问："你喜欢吗？告诉我你平时吃什么式样的早餐？"

"哦，很好吃，"他说，"但是通常我早上只在牛奶里打一个鸡蛋，当作早餐。你平时习惯早上吃什么？"

"哦，"我回答说，"我只喝一杯咖啡。"

显然，戴西已经做好了做一个贤惠太太的准备，而吴毓骧并未对丈夫的角色有太大热忱，否则，他会对妻子的表现给予更多的赞美。

戴西却十分满意自己的婚姻，她把家里弄得温馨舒适，对丈夫体贴入微，晚辈们回忆起她的家，就说："那时候他们这一家人，都那样好看，那样体面，那样幸福，家里那么温馨，家狗那么漂亮，客厅里的圣诞树那么大，福州厨子的菜烧得那么地道，真的像是好莱坞电影里才有的十全十美。"

婚后的戴西还同朋友海伦张创设了一个"锦霓新装社"，她们设计一些中西合璧的时装，希望带动新流行，戴西自然不是以盈利为目的，她只是想寻找婚姻之外的生活乐趣。

这时的戴西非常幸福，幸福感一是来自家庭，二是来自自己的事业。可是，这样的幸福却不长久。

吴毓骧是一个乐于享受生活却不愿对家庭负责的男人，他不满足于过居家生活，也不肯改掉玩世不恭的生活方式，常常玩牌到深夜回家，偶尔也会给戴西一些浪漫，大多数时候都是不见踪影，总之，这个雅致却不实用的男人适合恋爱却并不适合结婚。不过戴西也不抱怨，她虽受西式教育，却有旧时女子的宽容，她乐于接受丈夫给自己带来的快乐，也包容了他这样个性。

可是，吴毓骧却不体谅戴西的辛苦，虽然家里衣食无忧，不需要他为一家人的生计奔波，但还是有一些事需要丈夫来承担责任。比如，儿子中正出生时，戴西难产，他作为丈夫应该守在身边，戴西在医院两天生不下孩子来，女儿静姝正在家里静养肺炎，他却在俱乐部玩牌到深夜回家，几乎不把家人放在心上。

这个生性风流的丈夫逐渐厌倦平淡的家庭生活，他同一个年轻的寡妇纠缠不清。这个年轻的寡妇是戴西一家的旧识，是她和丈夫共同的朋友，之前戴西还曾对她提供帮助，但如今两个人却共同背叛了戴西。丈夫不肯回家，她敲开了那个寡妇的家门，领回了她曾千挑万选的男人。

她同破坏他们家庭的"凶手"没有太大的争执，对自己的丈夫也没撕心裂肺地指责，也没有跟别人叫苦连天地抱怨。

那些关于吴毓骧高攀戴西的言论再一次升级，可是戴西始终沉默不语。

她所受的教育和她的成长经历教会了她什么叫作自尊心。

对这样一个自己曾经深爱并共同拥有两个孩子的丈夫，她能抱怨什么？是将丈夫诋毁得体无完肤让自己站在道德的制高点以求得舆论的支持和同情，还是无休止地控诉他的花心和背叛求得丈夫的浪子回头？

这都不是她的选择，她不可能不恼怒、不伤心，可是，却始终没有人知道她如何表达自己的愤怒。她静静地把丈夫领回家，继续生活。

也许，在她看来，丈夫早已成为自己荣辱的共同体，诋毁他、控诉他、埋怨他，最后因为爱他，还会和他一起生活，那控诉、诋毁不但使丈夫没了颜面，自己也不会光彩。

家丑不可外扬，这也是她保护自尊心的一部分。

吴毓骧对日常生活抱着游戏的态度，让幸福的戴西受到了伤害。这样一个一直生活在童话世界的公主不得不面对现实的无奈，于是，那时，在她的笑容中，会有那么一抹淡淡的伤痛。

因为戴西的宽容，吴毓骧不再无动于衷，他默默地回归家庭。

当时，她的家庭除了要面对感情危机，经济情况也面临巨大的考验。

因为太平洋战争爆发，日本人炸了吴毓骧的牛奶厂，他失业在家，没有了经济来源。幸亏戴西之前同朋友弄了时尚沙龙，现在就成了家里的重要经济来源，为了贴补家用，戴西还找到一份帮中医学会的杂志拉广告的工作。戴西并未因为要出去工作感觉不幸，工作也许比无聊的主妇生活更有吸引力。

好多过着悠闲的少奶奶生活的朋友特意来同情一下现在的戴西，这样一个富家的女儿要抛头露面来养家，还不是因为选错了丈夫。面对这样的同情戴西却没什么遗憾，吴毓骧带给她的快乐她们不懂，况且去工作总比整天打牌逛街要有意义得多。

这样略为紧张的经济状况大概有几年的光景，等到战争结束后，她的生活终于有了转机。

由于同当时国民党的财政部长是亲戚，吴毓骧被安排了一份工作，负责管理德国人在沪的资产，一直事业不顺的吴毓骧终于时来运转。1947年，吴敏骧成立兴华科学仪器行，借由同德国人的关系，做起医疗器械进口到上海的生意。迈入中年的吴毓骧渐渐务实起来，经过几年的努力，生意也渐入佳境。对戴西来讲，不用再担心一家人的生活，丈夫不再花心，日子继续过得体面而轻松。

20 世纪 50 年代初，戴西经常陪着丈夫去香港，当时香港的商业发展远不如上海，他们自然也没有搬家或移民的准备。

1954 年，国家开始控制外贸生意，1955 年，兴华科学仪器行与国家联营。在这过程中，戴西还获得了工作的机会。因为国家不允许用英文以外的语种与外国通信，所以丈夫的德国生意要用英文，因为戴西的英文特别好，后来她就正式作为公司的英文秘书参加工作。

这时的戴西已经 46 岁，她的脸上仍是美和宁静，他们一家人都是美丽、健康、体面的。只是，当时的环境让戴西的穿着有了改变，优雅华丽的旗袍只能在家里穿。

吴毓骧继续开着他的黑色福特去上班，即使在被通知不再担任业务科长的工作，改做清洁工，他也是开着他的福特去打扫卫生。他回家来，向用人学怎么将拖把拧干。当时，美国的广播是不允许收听的，可是他还是要冒着当"反革命"的危险听美国棒球比赛的实况转播。

不久，吴毓骧被划为右派，后来直接被警察带走。

1961 年，戴西再次接到从监狱来的通知，丈夫由于心肺系统疾病，在提篮桥上海监狱医院去世。

三年的监狱生活，让这个高大风流的男人瘦成细细的一缕，戴西见到尸体时，几乎认不出这是自己的丈夫。她握着不再有温度的手掌，那样熟悉的纹路才让她确定，这个同她生活了 28 年，曾给她快乐和烦恼的男人这一次是真的离开了。

戴西取回了丈夫的骨灰盒和遗物，她伏在骨灰盒上，哭着说了一句："活得长短没有什么，只是浪费了你三年的生命啊。"

戴西年轻时，就是被他神情里的机灵与时髦以及对新鲜花样那种无师自通的秉性所吸引，吴毓骧的生活总是要追寻快乐，这三年的监狱生活对于他来讲，应该是生命最残忍的时刻。戴西最懂他，也最宠他。二十几年的夫妻生活，她从不因经济状况的好坏过多地苛责或改变他，所有关于他高攀她的言论从未影响过她对自己选择的坚信。她觉得丈夫的人生就该是那样体面，充满趣味，她为丈夫最后的三年感到痛心。

丈夫死后，就只剩下她照顾自己的两个孩子。儿子中正和女儿静姝一直以来都被她照顾得很好，不单单是在物质上，还有在美好的灵魂和公正自信的品格培养上，她都小心翼翼地照料着。

在他们的童年里，戴西常常为他们读一本 1913 年出版的著名美国童书《波丽安娜》。

故事中的女主人公总是很乐观，即使遇到倒霉的事儿，也向好的一面看，因为凡事乐观，所以她总是开开心心地接受那些美好或不美好的事儿。波丽安娜总是说："我永不相信我们就应该拒绝痛苦、罪恶和不适，我只不过是想，先愉快地迎接不知道的将来，要好得多。"

戴西喜欢波丽安娜这样的人，她也希望自己的儿女变成这样的人，不管是在顺境还是逆境。

在吴毓骧被抓进监狱的时候，戴西被派到上海东北部远离市区的江湾正奔路外贸农场劳动。在那里，喂猪，劳动，每天 5 点从家出去，晚上工作完还要进行教育学习，很晚才能回家。这些劳动对于她来讲，自然极其辛苦，但是她的孩子从未听过母亲抱怨和发牢骚。

儿子中正因为父亲的缘故在学校受到很多委屈，甚至连他的名字也受到强烈的批评。戴西想办法让儿子开心，她找来一个毛茸茸的小鸡，放在一个旧的纸盒里，晚上回来的时候中正已经睡熟了，戴西轻轻地把儿子叫醒，把这份礼物送给他。中正特别喜欢，特地为它照了相。

静姝因为家里出了事，所以特地跑回上海看望母亲和弟弟。戴西并未让静姝看到一个憔悴无助的母亲，还抽空带她去了锦江饭店楼下的裁缝店做大衣和裙子。她还为静姝设计了新的发型，在戴西眼里，这个年纪的女孩应该是漂亮的、无忧无虑的，不应该让她为家里的事情烦恼。静姝看到母亲依旧平静美丽，心里也没有那么难过了。

后来吴毓骧在监狱中去世，她只是把这份痛苦留在心中，不想儿子女儿有太多的阴影和痛苦。吴毓骧去世后的第 23 天，她去参加平安夜的家族聚会，平安夜和圣诞节是戴西一直都要过的节日，即使现在她要承担很多痛苦——丈夫去世，儿子和女儿的前途堪忧，而自己对一家人的命运却完全无能为力，可是她还是参加了聚会。

聚会中，她还是那样安静优雅。日子

总要继续，戴西除了坚持别无选择，只让孩子看到美好温暖的事儿，是她保护自己孩子的方式。

高强度的劳动让她的双手粗糙不堪，冬天时，她要剥东北大白菜被冻坏的菜皮，冰冷的温度让她的关节都不再灵活。这些事情，她从不对孩子说，有时说起自己的近况，她也是当作趣事来说："我总是对没见过的事抱着很大的好奇心，当时我已经60岁，没有力气下去挖河泥了，于是被安排去照看大灶，为二人们烧开水。炉火总是不好，于是我老是往里面加东西，想让它烧得好，突然我感到火灭了，我马上把头伸进去，想看看到底怎么了。这时从烟囱里吹下风来，炉里的柴突然燃烧起来。我的脸上立刻遍布黑灰，半边的头发和眼睫毛被烧掉了。"

"她说这些的时候，并不是诉苦，而是带着一种骄傲。好像是说，你看，我还做过这些事。我是能干的……照我看来，那就是波丽安娜的样子。"静姝说。

这是戴西给儿女最好的礼物：不管何种境遇都从不缺席的乐观。

1963年，55岁的戴西被调到外贸职工业余大学去教英文。1964年，中国"四清"运动开始，戴西在业余大学中成为被攻击、被批判的对象。戴西像一个靶子一样接受一些人无理的污蔑，他们将戴西之前的优越生活无限制地夸张和演绎，以便在攻击时有更多的说辞和理由。可这还远远不是最黑暗的岁月，后来戴西被安排做清洗女厕所的工作，把这最脏的活给她也是为了贬低和羞辱她。后来她又被送到工厂劳动，这是一个比监狱还可怕的地方，她默默地咬着牙挺了过来。

从 1958 年开始，戴西就陆续经受生活的一系列重大变故，到了 1967 年，这些情况不但没有改善，反而更加严峻。身边很多人在这场运动中自己结束了生命，戴西则尽量与命运合作。

和她在一起劳动的一个人曾说："这个老太婆不愧是 1934年燕京大学心理系的毕业生。她竟然能够在那样的环境里保护了自己的自尊，满足了干部的成就感和统治欲，给他留下驯服的好印象，还没有伤害别人，不给自己的心里留下伤痕，而且以自己坚强的生存安慰和鼓励了自己的孩子。"

戴西的家中早已没有了用人，东西也被搬走了，最后，连房子也没有了。

所谓的工资都不够她和儿子的伙食费。这段时间应该是她最窘迫、最困难的时候，但是，戴西有时还会在一贫如洗的屋子里烘焙蛋糕，她用仅有的一口铝锅，在煤炉上蒸蒸烤烤，在没有温度控制的条件下，巧手烘烤出西式蛋糕。当年康同璧曾特意教了她用铁丝在煤火上怎样烤出金黄的吐司面包来。在没有电烤炉的环境中，她还可以做出甜点，不管外面的境遇如何变迁，喝着下午茶、吃着自制蛋糕的那份悠闲从来没有变。

1976 年，67 岁的戴西再婚，对象是大学的同事汪孟立。他毕业于英国牛津大学，曾经给予困境中的戴西很多帮助。两人有共同的话题，晚年也可互相陪伴。可是汪孟立四年后患了癌症，戴西细心照看了两年，汪孟立去世。

到 20 世纪 70 年代末时，高考制度恢复，全民重新兴起学习的热潮，戴西在这一年被请到上海硅酸盐研究所，为所里的专业人员上英文课。在课余时间，家里收了一些学生，这些学生大都为了考大学，或是出国留学，戴西非常喜欢这些学生，在这些求知若渴的孩子身上，她感受到了生命的蓬勃和希望。上海开始慢慢恢复了和国外的贸易联系，戴西熟练标准的英文又派上了用场，英文的商务信函她信手拈来，很多和外企有业务往来的企业都要请戴西帮他们处理商务信函。

20 世纪 80 年代，戴西去了美国看自己的亲人，也去了自己的出生地澳大利亚。戴西曾八次出国，后来，医生认为她有中风预兆，所以她决定不再出去，就留在上海。她说："我没有钱在澳大利亚生活下去，也已经没有足够的时间重新建立自己的生活。"她其实不想给儿子和女儿增加负担。

晚年她留在上海，时常陪她的是她家里曾经的茶房松林。松林刚在戴西家做工时还很年轻，所以常常不小心把碗打碎，一个叫金花的女用人就向戴西告状，可是戴西却当着金花的面说："要是碗都是不会碎的，还要碗铺子干什么呢？"几十年之后，松林依然清晰地记得这件小事，始终感激有幸遇到这样善良的主人。

1998 年 9 月 24 日黄昏，戴西在上海去世。直到去世前，她依然独自生活，每天干净、体面。

这就是戴西的一生，曾锦衣玉食，曾食不果腹，曾贫富悬殊，她却宠辱不惊，境遇不同，她始终淡然自若。

很多人都说，是因为从小富裕而明亮的生活和公正乐观的教育，赋予了她纯净淡然的品质。

因为在物质以及精神层面的富足，所以她不以从他人身上获取利益为人生目标，他人也包括她的丈夫以及她的子女。在选择丈夫时，她仅仅从"有 fun"的角度出发，即使选中的丈夫雅致却不实用，一度不能给她带来安逸的生活，她不抱怨，也不勉强，她愿意去包容这个"有 fun"的人。对于她的儿女，工作、婚姻她都愿意尊重他们的意见，自己年老时，也不肯给他们带来半点儿负担。

这就是一个真正贵族的品质：重尊严和品行，优越却不骄纵。

她不把生活的意义和希望寄予他人，也因此有了超越他人的从容。在面对世间的种种无奈，她依旧愿意尊重生命，不追问，不强求。

她在婚姻中的态度也是一个精神贵族独有的品质。她宽容丈夫的出轨，把他领回家，他也从此没有别的花边新闻。这也不过是源于对丈夫的了解，这个以玩乐为人生目标的男人是不是有挽留的价值，只有她自己最了解。愿意挽留，就要真正宽容，这一点，她也做到了。

别人常常议论她的婚姻，同情她的遭遇，她并不为所动。她只相信自己的判断，安安心心地过自己的日子。

其实，有时这样的同情不过是一个舆论陷阱。

很多时候周围的人会谈论别人婚姻的成败，所谓成败不过是常人眼中的物质生活水平或是其眼中的感情是否牢固，一旦发现某一方面不足就爱感叹同情：某人所托非人。被谈论的对象如果不能用理智的心态去面对这样的感叹同情，就会掉入这样的舆论陷阱，逐渐产生失衡心态，将所有不幸福的根源统统抛给婚姻中的另一方，因为，连旁人都认为，自己"所托非人"，也就更觉委屈，换句话说，不知不觉就活在了别人的眼光当中。

其实，旁观者怎能体会一段婚姻中双方的感受？吵架也好，出轨也罢，其中的原因错综复杂，别人看到的不过是表面，婚姻或爱情，本来就如人饮水，冷暖自知。有时，要是像戴西这样，能将"自己的感受"和"别人认为她应该有的感受"区分开，才是处理好婚姻问题的前提。

婚姻中的戴西还做到了相守不忘初心。初心除了指相爱的誓言，最重要的还包括，最初选择这个人的心情和期许。尤其是建立在彼此了解基础之上的婚姻，能不忘最初最吸引双方的特质，在漫长的婚姻中失望和抱怨也许就会少一些。

当时风流倜傥、花样颇多的吴毓骧用了很多浪漫的方法去打动戴西。对戴西来讲，这些东西确实很受用，她喜欢吴毓骧这样的性格，而这一性格导致的花心，她也默默包容。

你不能一边喜欢他的踏实，婚后又觉得他不浪漫；也不能想着物质基础，婚后又对精神交流特别看重。她也从不妄想，婚后如何改造对方。

"改造"这个词其实特别不道德，尤其是在婚姻中。

　　改造就意味着要对方改变之前的行为习惯或思维习惯，强迫对方按照自己的想法去改变之前已经形成的思维方式或生活方式，即使是以爱情的名义，也是强人所难。最重要的是，大多改造都无疾而终。

　　所以，开始一段婚姻时，最好还是衡量好对方的性格特质，不但接受好的一面，对所带来的负面问题也要有所考虑，不要盲目乐观寄希望于后天改造，磨合和改造是两码事，磨合更多的是彼此迁就，而不是彼此改造。

　　戴西在这些问题上都处理得很好，所以，她的婚姻虽小有波澜，最后也都归于平静，幸福多于烦恼，她自己也觉得快乐，这应该就是好婚姻。

　　除了婚姻，戴西在困境中表现出的自尊从容也让人钦佩。

　　一次次境遇的改变，一次次苦难的经历，都没能打败这个曾养尊处优的郭家四小姐。众多苦难困顿只在她的额头和手指间留下痕迹，却未在这个诗意的灵魂上留下烙印。在艰苦的岁月自制糕点，偶尔自己享受下午茶的悠闲心境，对她来讲，哪怕幸福只露出了一根线头，她也有本事将它拽出来，织成一件暖身的毛衣。

　　于是，连命运都不得不同她和解，最终还给她一段安稳平静的生活。于是，她依然微笑得体，文雅地享受属于她的下午茶时光，即使头发已经雪白，可是灵魂却飘散着香气。

　　这个真正的贵族承载了太多的美德，她用生命未知的体验蔑视苦难，那些艰苦的工作对她来讲不过是自己从未体验过的事，体验就是乐趣。她有享受贫穷的勇敢，她说多年的劳动让她保持了体形，她有原谅一切的宽容和公正，所以，她从不愿抱怨那个特殊的年代，她还愿用所有的知识去培养她的孩子，让孩子对世界有更全面和公正的眼光。她给了子女最宝贵的财富。

"有忍有仁，大家闺秀犹在。花开花落，金枝玉叶不败。"悼词完美地概括了她的一生。

纵使浮华俗世里有再多纠缠，疏离的岁月中有再多繁乱，只要保留几分率真和几许天真，总能够跨越生命残冬的贫瘠，没有这样的情怀，怎么去承载扑面而来的浓浓情意？

优雅是日子一点点小火煨出来的，是一个个经历磨炼出来的，它也是一种淡定从容的心态。不要在挫折失意时妄自菲薄，也不要把自己紧紧包裹在内心里。好或坏，福或祸，都能以恬静安宁的心态去对待。优雅的人生活会有艰辛、坎坷，但你可以从容地接受，有能力让自己在不幸福中找到快乐。

即便艰难又如何？我们用诗一样的情怀去浇灌，就能让尘埃中开出花朵。

◦❀◦ 静思小语 ◦❀◦

心似莲开，清风自来！面对周而复始的生活的洗礼，不管是我们的容颜还是灵魂都难免刻上岁月的痕迹，既然我们每个人都逃不过老去的命运，不如用优雅拂去岁月的轻尘，保持一颗随意平和的心，让心中的花开，随幸福存在。将种种苦涩化为唇边云淡风轻的一抹微笑，然后，用爱抹去时代的艰辛、岁月的风尘。

于三千世界，
智当凌驾于事

潘素：美好的姻缘是两人同视一个方向

她本来出身名门，后来家道中落只能沦落风尘；

她能挥毫作画，弹得一手好琵琶，是美女也是才女；

她嫁给张伯驹，二人是志同道合的神仙眷侣，一生相偕；

她侠肝义胆、忠贞不贰，在乱世之中始终守在丈夫左右，患难与共；

她也曾倾家荡产抢救国宝，为中华传统艺术的保留和发扬做出卓越贡献。

潘素优雅沉静的气质从照片中便可略窥一二。而在朋友的笔下，40 岁的潘素依然风华绝代。

"一位 40 来岁年纪，身着藏青色华达呢制服的女士从北房快步走出。她体态丰盈，面孔白皙，双眸乌黑，腮边的笑靥，生出许多妩媚。唯有开阔而优雅的额头上，刻着光阴碾过的印痕。"

当张伯驹遇到潘素时，一见钟情，惊为"天人"。于是提笔一副对联："潘步掌中轻，十步香尘生罗袜。妃弹塞上曲，千秋胡语入琵琶。"

20 岁的潘素因为美丽被称作"潘妃"，此处，张伯驹不但将名字藏于诗中，也借用古代美女大大赞美了潘素一番。

当时张伯驹刚刚过了而立之年，风流倜傥又才华横溢，与溥侗、袁克文、张学良并称为"民国四公子"。

被这样一位气质文雅的"高富帅"极度迷恋和追求，潘素受宠若惊，经过一段时间的交往，两人双双坠入爱河。

38岁的张伯驹此时已有三位太太，这次在上海与潘素的邂逅，才让他恍然懂得真爱的含义。

潘素的身份和张伯驹的家世自然让两个人的结合阻力重重，但是，此时的张伯驹已被相思之情撩拨得心绪不宁。他不惜挥洒金银，才被获准与潘素往来。婚后，潘素随夫北上回到北平。

婚后，这对才子佳人把生活中的柴米油盐过成了诗歌，当娴静从容的女子遇上温润如玉的男子，岁月这般静好。

略微尴尬的是潘素在张伯驹家中的身份。嫁到张家后，潘素一直与张伯驹住在一起，而其他三位夫人各自独居一楼。在潘素与张伯驹婚后的第三年，元配夫人病故。新中国成立后，国家颁布了新《婚姻法》，实行一夫一妻制。于是，张伯驹分别将两笔巨款付给邓氏和王氏，并与其离婚，正式和潘素结为伉俪。

此后的几十年里，潘素与他朝夕相伴，他们是志同道合的神仙眷侣，更是患难与共的夫妻。

他们在艺术上琴瑟和鸣。认识张伯驹前，潘素也略懂诗画，张伯驹却看出潘素有不凡的艺术天赋，他为潘素延请名师，教她画花卉和古文。因为潘素自己努力不息，也有书香门第的遗传基因，她的才艺在名师的指点下大有长进。张伯驹非常高兴，这位红颜因为在艺术上的进步，可以成为自己的知音。

于是，张伯驹又请苏州名家汪孟舒教她绘山水画，从此潘素专攻青绿山水。在张伯驹的悉心栽培下，潘素的内秀被充分开发。

在众多文人雅士的帮助下，潘素不断吸取艺术养分，也不再仅以美貌著称，更多的人开始关注这位帝京著名画家。潘素常常创作山水画，张伯驹便以词附和，可谓是珠联璧合。他们夫妇生活的主旋律也以诗画为主。

1963年，潘素的艺术功底已经非常深厚，在曹雪芹逝世二百周年，特意挥毫泼墨，创作完成《黄叶村著书图》。张伯驹为这幅画题词："斜阳衰草暮云昏，黄叶旧时村。东风一晌繁华事，忍回头，紫陌红尘。砚水滴残心血，胭脂研尽酸辛。落花如霰总留痕，知己几钗鬟。是真是幻都疑梦，借后身，来说前身，剩有未干眼泪，痴迷多少情人。"字与画相得益彰，而他们的感情也是日久弥坚。

因为有艺术上的琴瑟和鸣，潘素更加义无反顾地追随张伯驹的脚步。

1937年，张伯驹开始收藏字画。为了这些珍贵古字画，他时常一掷千金，虽然张家也算财力丰厚，但是久而久之，也承受不住这样的花销。有时，一栋大宅仅换回来一幅轻飘飘的字画，连张伯驹的母亲都无法理解，这时，只有潘素默默支持，潘素不仅是张伯驹的爱侣，更是知己。她知道这些字画对于张伯驹的意义。

潘素就这样一直默默地与丈夫在收藏上同进退，为了收购展子虔的《游春图》，他们不惜把房子变卖，在购买西晋陆机的《平复帖》时，潘素变卖了自己的首饰珠宝，用 4 万银圆的价钱买下了这件传世书法。

抗战时，张伯驹与潘素一度逃难，为保《平复帖》，他将之缝入棉袄中，每晚和衣而眠，终护得国宝平安。1941 年，张伯驹被汪伪的一个师长绑架。张家声名在外，虽然战后已经只剩空壳，但好事者都知道，张伯驹家中的字画每一幅都价值连城，于是，绑匪开出 300 万（伪币）的赎人价格。

当时潘素确实拿不出这些赎金，她也不可能看着丈夫身处险境无动于衷。她变卖自己的首饰，四处托人打听消息，终于在同绑匪多次沟通后，得到了看望丈夫的机会。可是，见面后张伯驹悄悄告诉潘素，家里那些字画千万不能动，尤其是那幅《平复帖》，他说："那是我的命。我死了不要紧，那字画要留下来。如果卖掉字画换钱来赎我，这样的话我不出去。"

不能卖掉字画，家里又筹不出这么多钱。潘素只能继续和绑匪周旋，终于最后在张伯驹被绑架 8 个月后，在友人们的鼎力相助下，潘素变卖了所有首饰，以 40 根金条"赎回"了张伯驹。

潘素用自己执着坚韧、忠贞不贰的品质赢得了世人的称赞。她在危难面前，有超越平凡女子的勇气，她对丈夫坚决地遵从，既要营救深爱的丈夫又要保全丈夫深爱的国宝，她有太多的困难需要跨越。

后来，张伯驹在新中国那段动荡的岁月中也曾遭遇很多磨难，潘素始终都不离不弃。

在两人结合 40 年后，年近八旬的张伯驹到西安女儿家小住，与老妻暂别，仍然写下深情款款的《鹊桥仙》送给潘素："不求蛛巧，长安鸠拙，何羡神仙同度。百年夫妇百年恩，纵沧海，石填难数。
白头共咏，黛眉重画，柳暗花明有路。两情一命永相怜，从未解，
秦朝楚暮。"

就同当初相识一样，张伯驹依然习惯将感情倾注于诗词当中。
张伯驹对潘素的宠爱四十年如一日。于是很多人羡慕潘素的好命，
可是，很多时候，也许你只看到她的风光无限，却没看到一个女
人为了丈夫的理想独自承担家庭重担的艰辛。最终，丈夫在她的
支持和帮助下获得成功，她的付出得到了最好的回报。

而只有这样的女人在家中才当之无愧地称为女主人。

张伯驹后来将字画都捐给了国家，所以，他早已被世人铭记。

而在这个男人背后，却有一个无私的女人的付出。当爱情除
了有相互的深情凝视，还能同视一个方向，坚定地守护彼此的理
想，就算生活中有再多磨难，走过后都是甘甜。

这一份心有灵犀的默契与坚守，在岁月的轮回中静水流深，
生生不息。

而潘素除了尽职尽责完成妻子的使命，她自己也有非凡的成
绩。她曾三次与张大千联袂作画，也曾与何香凝一起创作了几十
幅山水画，为抗美援朝作画义卖。她所作的《漓江春暖》得到周
恩来总理的称赞；她的山水画《临吴历雪山图》被赠送给了英国
首相……在美术界，她蜚声海外。

张伯驹造就了潘素，同时，也因为潘素，张伯驹才成为真正
的张伯驹。

这就是一对完美夫妻的典范。

对于张伯驹而言，潘素不单是自己风雨同舟的妻子，更是能一起奋斗的事业伙伴，潘素的这两个不同的身份让她同张伯驹的关系更加紧密。

两个人可以在物质生活方面匮乏，但在共同语言方面必须有契合点。虽然不是所有的夫妻都能从事相同的行业，可是和谐的夫妻至少要有相同的价值观念。

就像钱钟书和杨绛，就因为他们的价值观念相同，杨绛才愿意无条件地去支持对方的理想。尤其是在理想未实现之前，这样的支持尤其珍贵。为了让钱钟书有更多的时间去写作，杨绛担负起养家的责任。如果不是对丈夫理想的认可她可能无法承受这样的辛苦。因为他们价值观念相同，所以两人并没有落入"贫贱夫妻百事哀"的俗套，反倒成就了珠联璧合、举世无双的美名。

当有了相同的价值观念，就顺理成章地克服掉很多生活上的阻碍。少了一些抱怨，多了一分理解，自然能顺利地渡过难关。

别林斯基说，爱情是两个亲密的灵魂在生活及忠实、善良、美丽事物方面的和谐与默契。这里的和谐和默契并非是要两个人的性格一致，互补性格一样也能幸福。性格不一致，价值观也可以一致。只有价值观一致才可能有共同的理想和追求。

婚姻是两个人坐在一起谋划人生，如果找的是一个和自己价值观完全不同的人，这无异于找一个人和你整天相互鄙夷、争吵。而这鄙视累积得越深、争吵越激烈，婚姻破裂的可能性就越大。

如果一个家庭里，妻子乐于追求生活品质，她希望拿出家庭收入的一部分去布置家里或者出去旅行，而她的丈夫却希望家里能多攒些钱，而所谓的提高生活品质在他眼中不过是浪费，所以，在每一次的支出上两个人就必然有着不可调和的矛盾。很难说谁是错的，只是两个人价值观念不同。

更可怕的是家里的妻子积极上进、雄心勃勃而丈夫却淡泊名利喜欢安逸。要么丈夫因被妻子逼着去做自己不喜欢的事而郁郁寡欢，要么丈夫坚持己见被妻子嫌东嫌西没了尊严。

所以一定要在结婚之前认真了解对方，可以用一些小事去衡量。尤其是在吵架之后，是变得更理解对方了还是只是一味地迁就。别以为忍气吞声就可以了事，一辈子很长，而忍耐力却有限，一辈子也很短，别让分歧和争吵占满。

找一个能够同视一个方向的人，默默地做他翅膀下的风，让他放飞自己的梦想，这样你就会得到一个和你心心相印的亲密爱人。

静思小语

当两个人的相处不是磨合而是折磨时，要慎重考虑是否有在一起的必要。婚姻中的两个人不能同视一个方向，将成为彼此成长最大的阻碍，也会给人带来最大的心灵伤害。找一个和你有共同理想的人，你才可以甘愿做他翅膀下的风，他会带着对你最深切的爱和感激展翅高飞。

林徽因：用智慧找到通往幸福的路径

她是建筑师，曾参与国徽设计、改造传统景泰蓝、天安门人民英雄纪念碑设计；

她是文人，一生写过几十首诗，诗中暖和爱的回响至今传唱；

她曾用心灵的纯美和庄严去寻找生活中恒长的宁静，于生命哲学之光的照耀下迸发出智慧的火花；

她曾经历徐志摩冲动炽烈的追求，拥有梁思成对她的忠厚笃诚守护，还有金岳霖对她理性无私的柏拉图之爱；

她是林徽因，一个时代完美女性的典范。

林徽因生在杭州。诗意江南总能让人联想到风花雪月的柔情，生在这诗意的栖居地，又是书香门第的后代，年幼的她跟从通晓琴棋书画、诗词歌赋的姑母学习，她的气质中总有古典雅致的韵味。

林徽因的童年经历，让她的性格不只有温婉的这一面。这得从林徽因的母亲何雪媛说起。林长民的原配早早病逝，并未生养过儿女，何雪媛是作为续弦嫁入林家的。但何雪媛和林长民的婚姻并不幸福，她大字不识，最多算作小家碧玉，自然和学识深厚的林长民无共同语言，偏偏她的脾气不大好，又不懂取悦丈夫，最后丈夫又纳妾室，何雪媛算是彻底被打入"冷宫"。

她对这样的境遇充满怨恨，所以时常对年幼的林徽因发脾气。

我们无从知晓当时林徽因的感受，但至少，林徽因是不愿做这样的女人的。因为她在给好友费慰梅的信中说："我自己的母亲碰巧是个极其无能又爱管闲事的女人，而且她还是天下最没有耐性的人。刚才这又是为了女用人……我经常和妈妈争吵，但这完全是傻帽和自找苦吃。"

她爱妈妈却又无法忍受妈妈的暴躁。她一定曾想过母亲不幸福的根源，她也看到了一个不独立、没学识又不温柔的女人，注定不会幸福。

所以，在自己的人生中，在处理婚姻关系的时候，她不再重蹈母亲的覆辙。她温柔、善解人意，注重内在的修养又懂得独立。

后来，她离开杭州古城，但是江南水乡的灵秀和小巷栀子花清雅的芳香已经深深融入这个秀美灵慧的女孩身体。

在林徽因 12 岁时，全家迁往京城，林徽因进入北京培华女子中学上学。她江南女子温婉柔媚的气质让诸多校友迷醉。

儿子梁从诫在《回忆我的父亲》中这样描述父亲梁思成第一次见到母亲的情景：

在父亲大约 17 岁时，有一天，祖父要父亲到他的老朋友林长民家里去见见他的女儿林徽因（当时名林徽音）。父亲明白祖父的用意，虽然他还很年轻，并不急于谈恋爱，但他仍从南长街的梁家来到景山附近的林家。在"林叔"的书房里，父亲暗自猜想，按照当时的时尚，这位林小姐的打扮大概是：绸缎衫裤，梳一条油光光的大辫子。不知怎的，他感到有些不自在。

门开了，年仅14岁的林徽因走进房来。父亲看到的是一个亭亭玉立却仍带稚气的小姑娘，梳两条小辫，双眸清亮有神采，五官精致有雕琢之美，左颊有笑靥；浅色半袖短衫罩在长仅及膝下的黑色绸裙上；她翩然转身告辞时，飘逸如一个小仙子，给父亲留下了极深刻的印象。

从这样的描述中，我们仿佛看到那个清新可人、如含苞待放的白莲般的娉婷女子。她和梁思成之前的预想不同，从给他留下极深的印象也可以看到，她出水芙蓉般的气质深深地吸引了这个俊朗文雅的少年。

当然，被吸引的人不只梁思成。林徽因在随同父亲林长民在英国游学期间，遇到了诗人徐志摩。徐志摩同样被她聪颖的才气和清雅柔媚的气质吸引，在几次的交谈和会面之后，林徽因内在的精神气质更让徐志摩下定决心，对其展开了热烈的追求。

这诗意的康桥，笼罩的细雨若有若无地飘散，让一颗少女悸动的心开始变得清澈而柔软。她经历着从未有过的情感体验——喜悦和羞涩，不安和慌乱。

徐志摩甚至为了得到真正的爱情，甘愿冒天下之大不韪，决然要与有孕在身的张幼仪离婚。他原本就对这种旧包办婚姻不屑一顾，现在有了追寻真爱的可能，他急于摆脱这无爱婚姻的枷锁。

他敢于冒绝大的危险，不怕麻烦，牺牲一切平凡的安逸，去追求一个梦想中爱的境界。于艺术文学，多了一个创作的天才；于感情世界，就多了一份太过浓烈痴缠的情义。

这份情义中，注定还要有另一个无辜的女人要去承受失去丈夫的痛苦。

林徽因知道，这样下去，自己会成为引爆徐志摩婚姻的导火线，她也会被这爱灼伤。

1921年10月14日，结束了一年多的欧洲游学，林徽因和父亲乘坐"波罗加"号邮轮从伦敦转道法国，踏上归国的旅程。既然已经选择了这样的方式躲避追求，林徽因并未向徐志摩道别。

林徽因主动放弃这一份危险的爱情，她对徐志摩早已有着深刻的了解，不管自己能否掌控，她都不愿意牺牲自己的一生去实践这未知的爱情。所以，她提早远离这爱情的旋涡，不曾深陷，就不会太过痛苦。

当林徽因同父亲返回北平，她终于找到了最适合自己的那个人。

在清华就读的梁思成在拜访过林徽因后不但惊艳于她脱俗的气质，更被她的智慧折服。

"当我第一次去拜访林徽因时，她刚从英国回来，在交谈中，她谈到以后要学建筑。我当时连建筑是什么还不知道，徽因告诉我，那是合艺术和工程技术为一体的一门学科。因为我喜爱绘画，所以我也选择了建筑这个专业。"

从此以后，他们就有了共同的事业追求。

1924 年的夏天，志同道合的他们一起去了美国，就读于宾夕法尼亚大学。

林徽因的外甥女曾回忆了舅妈和舅舅两个人在大学时不同的状态："徽因舅妈非常美丽、聪明、活泼，善于和周围人搞好关系，但又常常锋芒毕露，表现为以自我为中心。她放得开，使许多男孩子陶醉。思成舅舅相对起来比较刻板稳重，严肃而用功，但也有幽默感。"

同在美国留学的顾毓琇回忆："思成能赢得她的芳心，连我们这些同学都为之自豪，要知道她的慕求者之多有如过江之鲫，竞争可谓激烈异常。"

在整个青年时期，林徽因的光芒相比梁思成要更加耀眼一些。在当时很多人的眼里，其实林徽因和梁思成并不匹配。

可是林徽因在众多的选择面前没有丝毫旁骛之心，她知道只有这个人可以真正包容自己。在每一次图纸设计中，她总是满脑子都是创意，常常先画出一张草图或建筑图样，然后一边做，一边修正或改进，而一旦有了更好的点子，前面的便一股脑丢开，这样虽然更容易破旧创新，可是却常常无法按时交图，于是，每一次梁思成都静静地将乱七八糟的草图变成一张整洁、漂亮、能够交卷的作品。

在大学时，父亲的离世曾让她每天以泪洗面痛苦不堪，梁思成用无微不至的照顾化解了她心里的孤单和悲痛，才让她渡过了难关。

是梁思成的踏实沉稳让她飞扬灵动的生命有了厚重的根基。

她坚定地认为，梁思成才是自己可以相伴一生的亲密爱人。而梁思成也确实用一辈子的耐心、痴心、爱心陪她走过了人生的风风雨雨。

　　1928 年 3 月，梁思成和林徽因正式结婚。当离开了爱情的臂弯走向婚姻，对林徽因来说，婚姻并未成为围困她的城堡，她从未失去自由，梁思成不但给了她恋爱的浪漫唯美，还努力地不让婚姻的琐碎磨平妻子与生俱来的优雅和自由开阔的理想。

　　林徽因用知识女性的智慧张扬着自我的独立品格，在她家著名的"太太的客厅"里有文化气息浓郁的"艺术沙龙"茶会，这是精神领域的饕餮盛宴，聚集着包括朱光潜、沈从文、巴金、萧乾在内的一批文坛名流巨子，他们谈文学，说艺术，读诗，辩论，而林徽因总是灵魂人物。她用英语探讨英国古典文学和中国新诗创作，那由天马行空般的灵感而迸发出的精彩评述赋予沙龙强烈的个人魅力，使她成为一颗不夜的明珠，光芒四射，熠熠生辉。

　　她是建筑师，曾参与国徽设计、改造传统景泰蓝、天安门人民英雄纪念碑设计，伴随她的丈夫梁思成考察那些不可计数的荒郊野地里的民宅古寺。梁思成曾经对学生说，自己著作中的那些点睛之笔，都是林徽因给画上去的；她是文人，一生写过几十首诗，诗中暖和爱的回响至今传唱。她还是一个温柔的妈妈，1932年儿子梁从诫响亮的啼哭给梁家上下带来了喜悦与满足，当林徽因抱着这个小生命的时候，心中涌动起浓浓的爱意，如四月的春风，抚慰着她，她把这人间的情爱和暖意用诗写下一首《你是人间四月天》。

在婚姻平淡的流年中，她也曾遭遇情感的困惑。

曾有一个人，一辈子默默地站在离林徽因不远的地方，她的喜怒哀愁、她的尘世沧桑，他都紧紧相随于她生命的悲喜。

他终身未娶，并以最高的理智驾驭自己的感情，静静地守护着他爱的女子，这真情，天长地久，静水流深。

他是金岳霖，著名的哲学家、逻辑学家。

1931年，金岳霖结识了在北平因病休养的林徽因。当时梁思成还在东北大学执教，徐志摩经常去探望林徽因，为了避嫌，就叫上国外留学时的好友金岳霖等人。

金岳霖开始被这个谈吐优雅、聪慧睿智的女子深深吸引，后来林徽因活跃在"太太的客厅"中，那里聚集着当时很多文化名人，金岳霖也是其中一个。

在越来越频繁的接触之下，单身汉金岳霖索性搬到梁思成家的附近住下了，与他们住前后院，平时也走动得很勤。

金岳霖是逻辑学奇才，不但学识渊博、见解独特，而且还幽默风趣。曾考入清华学堂，后又在美国哥伦比亚大学学习政治学，仅仅两年，他就获得了博士学位。后来这位政治学博士对逻辑学产生兴趣，而且以此成就了毕生的事业。

有一段时间，梁思成经常外出考察，林徽因正怀着身孕，情绪时常焦虑，金岳霖就耐心地劝解，他的幽默曾带给林徽因很多快乐。

当林徽因感觉出这份感情似乎超越了朋友间的界限时，她坦率地向丈夫倾诉。梁思成听到后自然矛盾，痛苦至极，苦思一夜，告诉妻子，她是自由的，如果她选择金岳霖，祝他们永远幸福。林徽因又原原本本把一切告诉了金岳霖，金岳霖的回答更是率直坦诚得令人惊异："看来思成是真正爱你的。我不能去伤害一个真正爱你的人。我应该退出。"

这场爱情的角逐，金岳霖选择退出。他们三个人冷静过后，又重新整理好了情绪。林徽因知道，自己既然没有放弃婚姻，就该始终如一地爱自己的丈夫。她经历了一次感情的小小风波，反而更加坚定了对家庭的守护。

作为一个女人，她曾经历徐志摩冲动的炽烈追求，拥有梁思成对她的忠厚笃诚守护，还有金岳霖对她理性无私的柏拉图之爱。倘若没有智慧，这样的爱都将是负担，甚至会成为不幸福的根源。

幸运的是，她很清楚自己要的是什么，在感情方面收放自如，拿捏得当。

而在现实中，大多女性都是感性的，她们并不清楚自己想要的是什么，尤其是在恋爱的时候，都喜欢凭感觉，这往往就成为爱情或者婚姻失败的根源。

因为有的时候，感觉是不可靠的。其实，花心的男人通常是浪漫的，如果真的要跟着感觉走，女人很容易被这样的人吸引。

就像诗人徐志摩，将爱情当作一项伟大的事业，在风景如画、宁静的伦敦康桥，也曾吸引过 16 岁的林徽因。

当时如果她只是跟着感觉走，不但会给徐志摩的发妻带来巨大的伤害，自己也不会因为有了这样的爱情而幸福。理智的林徽因看到了两个人存在的最大问题，她也以此为由回绝了徐志摩："徐兄，我不是你的另一半灵魂。我们太一致了，不能相互补充。我们只能平行，不可能相交。我们只能有友谊，不能有爱情。"

只有梁思成能给她真正踏实的幸福。她很清楚，"徐志摩当时爱的并不是真正的我，而是他用诗人的浪漫情绪想象出来的林徽因，可我其实并不是他心目中所想的那样一个人"。

林徽因和梁思成是互补的，有人把他们比作"齿轴和齿帽，经过旋转、磨合，很合适地咬啮在一起，相互成全为更有用的一个整体"，这个比喻是如此恰当。林徽因智慧的选择，让她拥有这段幸福的婚姻。

在热恋中，一个 16 岁的少女可以如此清醒，懂得放手，不为难别人，也成全了自己。放手不代表承认失败，放手只是为自己再找条更美好的路走！

想必她在拒绝了徐志摩后，内心也曾痛苦，就如同每个失恋的女人。可是，她的智慧就在于，她懂得从生活中找到快乐。她的世界还有除了恋爱更多美好的事儿，所以不必为了任何人、任何事折磨自己，如同明早，太阳会依旧如时升起。凭借智慧与优秀的男人并肩前行，林徽因成就了永恒的传奇。

做女人当如林徽因，如她淡定素然，如她聪慧独立，如她率真坦诚，如她执着坚韧，如她一样为自己谱写一个如夏花般绚烂的人生！

☙ 静思小语 ❧

女人应该努力充实自己，丰富自己，用智慧找到通往幸福的路径。人生的很多时刻，需要自己决定前进的方向，身处浮华婆娑的红尘，应该用心灵的纯美和庄严，用最实用的生存智慧，去稳稳抓住幸福，把岁月过成减法，用智慧延续美丽。不迷失在浮华的赞誉中，不彷徨于痛苦的经历里，女人，要用智慧找到自己的幸福。

福芝芳：生活追求的是幸福而非完美

她曾少年学艺，成年后嫁给了梨园行里最得意的男人；

她从此相夫教子，与丈夫举案齐眉；

她操持家务，巨细无遗，处处操心；

她把家庭当作自己一生的事业，认真经营；

她可以和丈夫同享富贵，也可以在贫苦中不离不弃；

她的幸福既要仰仗丈夫，有时也需要自己捍卫；

最终，她与丈夫的成就，一同被世人铭记。

福芝芳嫁给梅兰芳时，梅兰芳已有妻子。他的第一个妻子王明华因为身体原因不能再生育，梅家希望能再为梅兰芳娶一房太太。福芝芳不但容貌秀丽，从小又精通曲艺，同梅兰芳见面后两人对对方的印象也不错，所以在双方家人商量后，两人结为伉俪。

梅兰芳因为年幼失怙，自幼由叔父养大，可以娶两房妻室"兼祧两房"。因此进门时，福芝芳与王明华有同等名分。因为福芝芳母亲膝下只有这么一个女儿，所以她也同女儿女婿一起生活。

福芝芳就这样开始了一个全职太太的职业生涯。

首先，她结束了自己的演艺事业，真正成为梅兰芳事业的好帮手。福芝芳从小学唱京剧，曾向吴菱仙（梅兰芳的老师）老师学习，演出过很多剧目，也曾受过很多好评。婚后，为了全力照顾梅兰芳一家，她不再参加梨园的任何演出，全心全意帮助明星丈夫打理事业。她陪着梅兰芳看书、作画、修改整理剧本，给出一些专业意见，在化妆服装设计方面她有时还根据梅兰芳的实际做出调整，甚至演员之间有了矛盾，她也帮助梅兰芳协调解决。

然后，她认真地处理好一家人的关系。作为梅兰芳的太太，福芝芳知道，只有处理好同丈夫的另一个太太——王明华的关系，才能真正实现这个家庭的和谐。她在生活中非常尊重这位姐姐，甚至在生下第一个孩子后，她把孩子抱给了王明华。王明华自己也曾有过孩子，但是不幸夭折，她一蹶不振，悲恸欲绝，看到福芝芳如此大度，她非常感动。孩子满月时，王明华亲手为孩子缝制了一顶帽子，还让奶妈把孩子抱回福芝芳屋中。她解释说，自己身体不好，福芝芳年轻，有精力，还有孩子姥姥在身边帮助照看，所以还是让福芝芳来照料这个孩子。

后来王明华身体每况愈下，福芝芳尽心照料，在王明华生命弥留之际，梅兰芳和福芝芳知道已无力回天，四处奔走给王明华找到一块风景优美的墓地——万花山的山坡地，"万花"与梅兰芳的字"畹华"谐音，这大概也是体恤到王明华对丈夫一生的顺从和帮助，在她百年之后，依旧可以仰仗丈夫的福祉和荣耀。王明华在天津去世后，福芝芳将后事安排得妥妥当当，因为王明华膝下无儿女，福芝芳便让儿子梅葆琪作为王明华的孝子到天津去接灵柩，后来梅葆琪患了白喉，福芝芳便让管家刘德君抱着3岁的梅葆琛打幡。

福芝芳在梅家还完成了一个非常重要的任务——开枝散叶。她在婚后14年中先后生了9个孩子，五男四女。头生是一个男孩，又添了一个女儿。第三、四、五均是男孩。六、七、八又连生了三个女孩，最后一个是小儿子梅葆玖。

不幸的是，头两个孩子因为麻疹未能存活，第三个儿子9岁时患了不治之症，也半路夭折。因此，梅兰芳对后来的孩子异常宠爱。

而作为孩子的母亲，福芝芳在梅家的地位自然稳固。在一年的名角集体反串的表演中，杨小楼反串张桂兰，梅兰芳反串黄天霸，其他剧中人都不是本人应工的行当。梅兰芳上场道："俺黄天霸！"可杨小楼报："我，福芝芳！"杨小楼的台词把大家逗得哈哈大笑，这位当家太太，大家都知道她对梅家的意义。

即使她拥有在梅家独一无二的地位，可是，他们还是遭遇了一场感情危机。

故事的另一个主角是当时的京剧名角——"冬皇"孟小冬。

同是京剧名角，同是技艺精湛，两个人自然惺惺相惜。

被广为流传的是两人同演的《游龙戏凤》。孟小冬扮风流倜傥的正德皇帝，调戏梅兰芳扮演的村姑李凤姐。也许是两人入戏太深，也许是早已互通情意，两人在台上乾坤颠倒打情骂俏，这样精彩的演出让一班梅党看得如痴如醉。

这里不能不解释一下梅党。梅党是梅兰芳的超级粉丝团兼智囊团，他们从梅兰芳的艺术到生活，都全心全意帮忙打理。他们以有利于梅兰芳艺术表演为原则帮助他作出一些决定，比如当时梅兰芳和福芝芳的婚姻，也是梅党的头号人物冯耿光从中参谋，他形容福芝芳"天然妙目，正大仙容"，能生能养，所以才极力撮合。而看见梅兰芳和孟小冬如此般配，梅党有意将台上的游龙戏凤变成台下的恩爱鸳侣。

一方面是梅兰芳心意已决，另一方面是梅党极力撮合，福芝芳的婚姻面临巨大的挑战。虽然之前有王明华和她共侍一夫，她能与之和平共处，但是，这一次，她却强硬地表明态度，孟小冬不能进入梅家。

能阻止孟小冬不进梅家，却没能阻挡梅孟两人结合。1927年春，"冬皇"下嫁"伶王"，成为当时人们所津津乐道的梨园韵事。婚礼在冯耿光的家中举行，婚后他们在城东租了一个院落单过。可是在这一年，有个疯狂的粉丝难以接受孟小冬嫁给梅兰芳后一度停止表演，枪杀了梅兰芳的一个朋友。梅兰芳对此事心有余悸。

两年后，梅兰芳有一个赴美演出的机会，这次演出得到了世界的关注。也有很多人关注梅兰芳的表演以及他的家人，更确切地说，关注"梅夫人"。很多人猜测，梅兰芳要带孟小冬去，一是两人艺术共通，二是两人也正是感情浓烈之时。

不管这样的猜测是否应验，福芝芳都不打算任事态发展下去，她不给梅兰芳任何借口把自己留在国内，她甚至不惜以孩子相逼。最后，左右为难的梅兰芳只能谁也不带，只身前往。

这一局，福芝芳同孟小冬打了个平手，只是，她的代价惨痛。但是她宁愿以如此的代价也不愿再同别人分享丈夫，誓要捍卫自己的幸福。在这一事件中，也让梅兰芳更加明确地看到了福芝芳的态度。

心高气傲的孟小冬对梅兰芳的态度很失望，最后干脆一走了之。

在这次婚姻保卫战中，福芝芳也算是取得胜利。这胜利中，有意外事件的助推，梅兰芳的性格特质也起了作用。章诒和曾撰文写道："梅兰芳从来不是菊坛徐志摩，决无什么浪漫情怀。要知道，名伶成功的一个重要条件就是能守身如玉，男女之事自己要把握得住。这个行业，男女接触机会很多，台上表演各种情感，台下也容易生出感情来。由慕而爱，由爱而迷，由迷而胆大妄为，最后身败名裂，有人为此送命。事例太多太多。一堕深渊，便不可自拔。梅兰芳是懂得的，他一生都是慎之又慎，始终坚守自持。"

也因为那次意外事件，梅党决定舍孟而留福，理由很简单，"孟小冬为人心高气傲，她需要'人服侍'，而福芝芳则随和大方，她可以'服侍人'，以'人服侍'与'服侍人'相比，为梅郎一生幸福计，就不妨舍孟而留福"。

说到底，还是福芝芳的付出得到了大家的认可。她以婚姻为自己最大的事业，她把自己的事业经营得有声有色，让旁人交口称赞。在这一场感情风波平息后，福芝芳一次次用实际行动来证明梅兰芳选择自己没有错。

当日军以重兵包围香港，梅兰芳被围困与外界断绝联系时，是福芝芳承受着巨大的精神压力照顾一家几十口人的生活；抗战时期，当梅兰芳蓄须明志离开舞台没有经济来源时，是福芝芳义无反顾地支持甚至当掉首饰维持家用；当梅宅面临洗劫一空时，也是福芝芳始终忍辱应变，精心保护了梅兰芳生前所遗留下来的部分有价值的剧本、曲谱、服饰文稿。

梅兰芳曾百感交集地说：没有福芝芳，哪有梅兰芳？

于是，很多人说，"福芝芳"不就是"扶植芳"嘛！

在福芝芳房中，挂有一幅颜体楷书："悬冰百丈耐寒梅。"这个女人，从来都知道，操持好这个万众瞩目的家庭，照顾好这个处在风口浪尖的丈夫，要依靠何种品质。"悬冰百丈"，如履薄冰，福芝芳胜任了这份"工作"。

她曾写给梅兰芳一首"答夫"诗："水淌大江几多愁，尝胆卧薪不低首。思幽幽矣慢悠悠，明月总是随君走。"

福芝芳愿以明月自比，却终究不是梅兰芳心中的白玫瑰和明月光。她更像张爱玲笔下的红玫瑰，爱得毫无保留。

福芝芳16岁嫁给梅兰芳，从此将自己的命运和梅兰芳的命运紧紧相连，无论何时都站在梅兰芳的身后。即使爱情挡不住时间的消磨，梅兰芳爱上别人，她却为他找理由"没有红颜知己我都替他屈"，但是，当这个红颜知己真正威胁到她的婚姻时，她却誓死捍卫。

她能赢得婚姻保卫战的胜利，其实最终靠的，不过是梅兰芳的"离不开"。

她的悉心照料、她的无微不至甚至她的不肯妥协都让梅兰芳不能忽视她的重要性，梅兰芳敬她，怕她，也离不开她。

20 世纪 50 年代末的一天，梅兰芳和福芝芳同游万花山。不知为什么，他突然说："我想我死后最好就下葬在这里吧！"

福芝芳以为丈夫随便一说，便接口道："您老百年后还不是被请进八宝山革命公墓？"

梅兰芳不无担忧地说："我进了八宝山，你怎么办呢？"

一听此言，福芝芳的眼泪夺眶而出。

多年苦心经营，多年兢兢业业，要的不过是丈夫的一点儿真心。

静思小语

在漫长的婚姻中，很多人都要面临婚姻的种种危机，最难的，不过是对方喜新厌旧、另寻新欢。想放手，就要像孟小冬一样潇潇洒洒地头也不回；想赢得婚姻保卫战的胜利，就要有福芝芳孤注一掷的决绝。当然，还要掂量好自己的分量，没有曾经的付出，何来最后的回头？

阴晴圆缺会有时，
美景只是刚刚好

宋清如：阴晴圆缺会有时，美景只是刚刚好

她是诗人，作品中浓郁的唯美倾向，彰显了她特有的柔媚浪漫；

她将波动在世事沉浮中的情感一并寄托于文字中，沉静的心灵从不虚空；

她曾拒绝婚姻，一早预言那是个束缚心灵的牢笼；

她还是遇到了爱情，同一个更倾心于文字的男子并肩前行；

她的幸福短暂，十年恋爱，两年婚姻，一生守望；

她在文学的梦中幻化出桀骜不驯的坚强。

宋清如清韵雅致，人如其名。

她外貌清丽，照片中更是气韵独特。她喜欢素衣布鞋，不爱华美服饰，她曾说："认识我的是宋清如，不认识我的，我还是我。"

她爱读书，也很幸运地不曾因为物质的匮乏终止这个爱好。

她家境富足，父母也曾在她适婚年龄为她筹划过一桩婚事。

可是，一向温柔的宋家小姐竟大胆地向父母提出："不要出嫁，要读书。"

已经读完初中的她受了新思潮影响，觉得自己才刚刚走进文学构建的美好世界，不愿意从此走入婚姻无趣的牢笼。父母见她如此反对，出于对女儿的疼爱，开明的他们倒也顺从了女儿的选择。

于是，在很多女孩已经成婚生子时，宋清如考入钱塘江畔的

之江大学，读书，写诗，于深邃凝练的文字中聆听天籁的福音，整日醉心于文字的美妙。

她的新诗经常发表在《现代》《之江年刊》上，她的文字和才华也得到了杂志主编的肯定。

在之江河畔，她也遇到一个志同道合的人——诗人朱生豪。

朱生豪文笔极好，同样喜欢诗歌，而诗人的个性通常都是敏感细腻的，朱生豪也不例外，在给宋清如的一封封情意绵绵的书信中，就可读出那份缱绻缠绵。

两人常常以文寄情，在爱情世界留下了一首首动人的诗篇。

宋清如将恋爱中患得患失的落寞心境写进诗中："假如你是一阵过路的西风，我是西风中飘零的败叶，你悄悄地来又悄悄地去了，寂寞的路上只留下落叶寂寞的叹息。"

朱生豪轻轻附和："不道飘零成久别，卿似秋风，侬似萧萧叶。叶落寒阶生暗泣，秋风一去无消息。倘有悲秋寒蝶蝶，飞到天涯，为向那人说。别泪倘随归思绝，他乡梦好休相忆。"

这就是两个诗人的灵魂沟通，他们用清丽的文字进行温润心灵的对话。

后来，因为朱生豪毕业要离开之江，两人不得不鸿雁传书。

而等到宋清如毕业，两人也未如大家所料就此走进婚姻。朱生豪这时正倾力完成一项艰巨的工作——翻译《莎士比亚戏剧全集》。

在当时，中国还没有人翻译过这部巨著。

可能是朱生豪怀抱文化报国的梦想，也可能是他的灵魂与莎翁有着共通之处，总之，他决定着手完成这一系列巨著。而宋清如义无反顾地支持他。

在恋爱十年后，两人决定共同携手走完一生，那一年，宋清如 31 岁，朱生豪 30 岁。

这对才子佳人的婚后生活也要面对柴米油盐的辛苦。朱生豪把全部的精力放在了译莎事业当中，于是宋清如选择照顾家庭，以便丈夫安心工作。工作之余，朱生豪也没有吝惜对妻子的爱意，

在宋清如回娘家的一段时间，他竟用掉落的花瓣寄托思念。可是，贫困却浪漫的幸福生活却只持续了不到三年的光景。由于朱生豪天生身体虚弱，再加上殚精竭虑的翻译工作，让本来羸弱的身体终于不堪重负，1944 年 12 月 26 日，朱生豪终因积劳成疾不幸去世，年仅 32 岁。

宋清如从此要孤身一人面对命运的凄风骤雨。她写下这样悲怆的文字："你的死亡，带走了我的快乐，也带走了我的悲哀。人间哪有比眼睁睁看着自己最亲爱的人由病痛而致绝命时那样更惨痛的事！痛苦撕毁了我的灵魂，煎干了我的眼泪。活着的不再是我自己，只似烧残了的灰烬，枯竭了的古泉，再爆不起火花，漾不起漪涟。"

朱生豪生前共译莎剧三十一部半，还剩五部半没有完成。于是，宋清如便一面完成丈夫未竟事业，一面在大学执教。

她的一生都在文学的世界中沉迷，也因此她淡雅恬静的笑容从未改变。

晚年，她写下这样优美的诗句："也许是你驾着月光的车轮，经过我窗前探望，否则今夜的月色，何以有如此的光辉，回来回来吧，这里正是你不能忘情的故乡。也许是你驾着云气的骏马，经过我楼头彷徨，是那么轻轻地悄悄地，不给留一丝印痕，回来回来吧，这里正是你倦倦的亲人。哦，寂寞的诗人，我仿佛听见你寂寞的低吟。也许是沧桑变化，留给你生不逢时的遗憾，回来回来吧，这里可以安息你疲乏的心灵。"

她作品中浓郁的唯美倾向，彰显了她特有的柔美浪漫。

有时，女人需要一种媒介展现自己的美好情怀，将平淡的日子演绎得生动多姿，也许文学是个不错的选择。

波动在世事沉浮中的情感有时难以宣泄，文学可以变成一种寄托和誓约。借着文字的舞台，女人可以编织自己心中隐秘的梦幻，展现出别样的人生魅力。将沉静在心灵一角的哀愁用文字构建，就可以在失落中得到慰藉，在困惑中得到释放。

清丽的文字是温润心灵的独语，激扬的文字收获情感宣泄的快意。

文字可以将一段时光稳妥地安放，让美好不在记忆中褪色，也可以将过往梳理，把智慧留存于心。

倾心于文字的人，生命充满色彩，并富有独特的个性；热爱文字的人，在文字里延续生命、延伸梦想。

用一点儿时间去醉心于文字的美妙，让生活处处充满了风景和诗意，处处散发着芬芳和幽香。让灵魂躲避红尘的喧嚣得以在俗世中有片刻的超脱，让浸润着泪水和欢笑的文字幻化为滋润心灵的甘泉，静静地独享那份神韵飞扬的诗意感觉。

文学会让女人变得儒雅温厚。不管现代女性如何独立、如何强大，在内心深处，依然要给文学留下一点点空间，这样才能芬芳心灵的家园。

其实人性的复杂性和生命的单调性需要文学去丰富、去平衡。读之可以让思维沉浸其中，自然多了一分心领神会，而文学中常常提供间接的生命体验。你不用生活在 20 世纪末，也可以在张爱玲的叙述中感受末世的挽歌；你不用去湄公河畔，却依然在玛格丽特·杜拉斯的笔下感受到爱而不能的绝望。

于是，你淡薄的生命开始变得丰盈，那些温暖的话语，那些犀利的文字，让女人在享受文字赋予的惬意和欣喜的同时，又会在沉淀之后多出一分宁静和节制。女人还可以在文字里播种快乐，将自己的情感撒进浩瀚的文字里，编织梦想，去收获一分雅致和浪漫，用文字将时间凝结成一种记忆去温暖自己。

❧❧ 静思小语 ❧❧

于安静的午后或寂静的深夜，放一首自己非常喜爱的音乐，泡一杯绿茶，让文字流淌于笔尖，去安放自己小小的不安、沮丧，你会发现文字也能疗伤。当于精巧细致的文字中体会更多涓涓如泉的温暖，于深邃凝练的文字中聆听天籁的福音，慢慢地便沉淀出悠远的底蕴，幻化出桀骜不驯的坚强。

西蒙娜·德·波伏娃：女人，首先是个人，其次才是个女人

她是世界女权运动的先驱，她的著作被誉为"有史以来讨论妇女的最健全、最理智、最充满智慧的一本书"；

她作为思想家被人关注，她的著作被女性主义者奉为至宝；

她告诉女性，只有自己才能赋予个人生命存在的意义和价值；

她坚定地走自己的路，并成了自己想成为的人；

她告诫所有女人：女人，首先是个人，其次才是个女人；

她拥有极为丰富的情感经历和深刻的人生体验，也许，她不是一个传统意义的好女人，却是一个自由、幸福的女人；

她说："回顾我的过去，还没有一个人值得我羡慕。"

她是法国著名存在主义作家，女权运动的创始人之一，让-保罗·萨特的终身伴侣，她是西蒙娜·德·波伏娃。

她曾说："我就是风景和目光；我只通过自己存在，也只为自己而存在。"

别人对她的评价是："她在自己的心中筑起了一座城堡，将所有妨碍她幸福的东西都拒之门外。"

从这两句铿锵有力的话就可见波伏娃强大的性格。

早在少女时期，波伏娃就确立了一个与众不同的追求——成为自己。

能有这样特立独行的想法，有她与生俱来的性格原因，更多的是文学和戏剧对她的影响。

　　父亲乔治天性细腻、优雅，对戏剧有浓厚的兴趣，是狂热的业余演员，他专注于培养女儿对文艺的兴趣，他认为以此作为消遣，是人生的一大乐事。而波伏娃也对戏剧、文学非常感兴趣，她乐意同父亲一起上台表演，也常常创作一些小故事，并写诗献给妹妹，显示出了惊人的天赋。

　　通过阅读和学习，她获得了极大的乐趣，书中广阔的世界有无限的奥秘，自然科学开阔了她眼界，而社会科学和文学戏剧则让她思想超越世俗。

　　她发现，每次阅读都像是一次冒险，而对世界奥秘的探索又让她极度陶醉，她甚至开始设想，是否自己也可以有这样的使命和能力，用自己的方式来展示迷人的景致和生活的乐趣，这样的理想让她感到充满激情，于是，即使贫穷与困苦一直伴随着她的成长，但从未毁坏过她的自信。她大部分时间都在查阅社会学、历史学、经济学、生理学、宗教学等学科的书籍，积累了大量知识，即使在整个战争期间，波伏娃也没有缺过一天的课。

在她逐渐长大的时候，父母间有了越来越多的争吵，直到矛盾升级至婚姻最终破裂，波伏娃从父母失败的婚姻中发现，婚姻并不是爱情的保障，反倒是一个枷锁，以婚姻为名的忠诚最终会因为抵抗不住自有的诱惑而带来谎言、欺骗和婚外情。

所以，她果断拒绝父母对她婚姻的安排，19 岁时，她发表了一项个人"独立宣言"，宣称"我绝不让我的生命屈从于他人的意志"。

不需要别人来安排自己的婚姻，是因为她对自己的爱情有着

十分明确的态度。当自己已经成为一个独立、自由、可以主宰自己人生与命运的女性，爱情已经不是生活的必需，在爱情中自然可以收放自如。

1929 年，萨特和波伏娃相识。此后的 50 多年，他们的一生紧紧相连，却不是以婚姻的形式。他们开创出一个著名的短语：契约式爱情——精确地诠释了"婚姻只是一

张废纸"。

同萨特相识时，萨特 23 岁，波伏娃 21 岁。

他们同在法国的第一高等学府巴黎高师读书，并在通过令人望而生畏的教师资格综合考试时，名次接近，萨特排在第一，波伏娃紧随其后排第二。

这个矮个子、右眼有些斜视的男人虽然其貌不扬但是才华横溢，他的哲学专著《存在与虚无》成为存在主义永恒的经典。1964 年被授予诺贝尔文学奖，但他却拒领了，理由是"不接受来自官方的任何荣誉"。

在她和萨特相识后，两人有共同的对书本的爱好，有共同的志向，在共同信仰基础上的爱情十分强烈，当他们的恋爱在进入实质阶段时，波伏娃和萨特要考虑一个特别重要的问题，爱情誓言中的忠诚、忠贞的传统道德规范是否就是爱情必须依存的条件。爱情能带来心灵的愉悦是其最大的魅力，可是常常是不同的对象才能带来爱情持久的心灵愉悦，所以享受爱情愉悦的人往往并不具备传统的忠贞道德。

波伏娃不想做一个以爱情为唯一生活目的的女性，她同样渴望追求心灵的愉悦，于是波伏娃和萨特在忠诚和自由之间寻找调和的可能。

他们一起工作，一同参加政治活动。每天都见面，却住在不同的地方，各自保持着一定程度的隐私。他们常共同工作或是边喝威士忌边交换意见，而且常常一起外出旅行。

波伏娃曾说："我渴望能见你一面，但请你记得，我不会开口要求要见你。这不是因为骄傲，你知道我在你面前毫无骄傲可言，而是因为，唯有你也想见我的时候，我们见面才有意义。"

爱情存在于两人之间，从来不是一方卑微地乞讨，而且爱情从来都是在存在时一切才都是对的。

他爱你时，无理取闹不过是撒娇，他有时间欢迎你的各种打扰，当他不爱你时，就连你的问候他都认为无聊。

当一个人已经忽略你，你却还要放下自尊，这样的努力最终都是徒劳，因为要走的人留不住，装睡的人叫不醒，不再想见你的人见面也毫无意义。

三毛曾说："上天不给我的，无论我十指怎样相扣，仍然会漏掉；给我的，无论我怎么失手，都会拥有。"这同样适用于爱情，爱情短暂，不是付出、祈求便能得到。

网络中有一位极淡定的女子，没事从来不给男朋友发短信、打电话，问她怎么想，她说：他若不忙，就会和我联系。他若正忙，我打扰他干什么；他若不忙也不和我联系，那我联系他干什么呢？

有时，爱不遂人愿，就不留无心人。其实，所有让你肝肠寸断的感情，未来某一天你也会微笑说起，时间是疗伤的最好良药。

如若能看清这一点，就不要做消耗能量的无益举动，不在与对外的斗争中消耗殆尽自己的精力，才会有更多的精力让自己经历更多的事情、更多的邂逅。

波伏娃便是如此。

她在爱情上实现了真正的给对方自由，全力击败人类无可救药的自我毁灭倾向和彼此折磨的习性，不让自己在爱中沦陷、消沉。

在萨特有了新欢时，她也去寻找能使自己心灵愉悦的对象。她有两位著名情人——美国作家尼尔森·奥格林、电影导演克劳德·朗兹曼。

浪漫的波伏娃会在给尼尔森的情书中印几百个红唇印，而在克劳德眼里，她则"美得优雅"。

而她和萨特之间的协议是，灵魂深深相依，身体可以自由。

她和萨特没有婚姻，却最终以非契约的方式终于保住了自己终生的爱情。

萨特说："西蒙娜的优点，使她在我的生命中有了其他人无法替代的地位。"

这是波伏娃选择独特的生存方式，她拥有女性最为奇缺的精神独立与自由。

因为没有婚姻，她还拥有宽裕独处的时间。她不需要将大部分时间放在做家务事上，她也不必承担生养孩子等责任，于是她充沛的精力用于充分地体验生活，她才可以完成她崇高的使命。

波伏娃说：我的生命将在坟墓外延伸。

她摆脱掉传统妇女的道德标准的桎梏，她同时希望更多的女性能摆脱社会强加于女性的责任，女性不应该只通过丈夫获得更高级别的社会认定，她们不应该将人生完全寄托于婚姻家庭，她们应该关注自身的人生体验，同男性一样，拥有相对精彩的人生。

她所说的自己的生命"将在坟墓外延伸"，就是希望自己的思想能有助于女性寻求生命的价值与意义。

1949 年，波伏娃完成了她的论著《第二性》，著作出版后，在法国引起轰动，并被誉为"有史以来讨论妇女的最健全、最理智、最充满智慧的一本书"。书中，波伏娃用哲学、历史、文学、生物学、古代神话和风俗的文化内容为背景，深刻地探讨了在历史演变中，妇女的处境、地位和权利的实际情况，她指出，社会赋予女性的角色与规则，并要求女性以男性要求的样子呈现，女性在没有任何自主思想的状态中完成她们的自然宿命，为人妻，为人母，将自己毕生的精力奉献于家庭。她因为男人的温情而心甘情愿承担起照顾家庭和生育的义务，她相信婚姻关系可以让两性关系极为稳固，自然对自己的责任毫无怨言，不过，当她不再年轻，男人开始吝啬给予温情，甚至在遭遇男人背叛的时候，她才发现，由于丧失经济主权无法在社会立足，之前构想的理想生活已经支离破碎，自己却无能为力，这才是女性最大的悲哀。

波伏娃的建议是，女性应该选择进入这个世界。不是作为男性的附庸，而是通过自我争取获得受教育和就业的机会，并在自我发展的过程中不断强大，拥有足够的勇气去面对人生的变故。即便刚刚踏入社会时，那条道路布满荆棘，但总好过在已经没有跨越荆棘的能力时再被迫迈入社会去拼搏。作为女性，要努力成为社会的主体，要超越社会习俗与文化遗毒强加给我们的"第二性"的定位，活出我们的真我风采。

在波伏娃去世的 30 年里，波伏娃的《第二性》已经被翻译成 50 多种语言，无数的女性读着她的《第二性》成长为独立自主的女人。

她说："女人，首先是个人，其次才是个女人。"

有太多女性常常忘记这一点，她们常常将快乐寄托在男人身上，也因此常常有不被爱的焦虑和被抛弃的恐惧，如果可以看重并去追求灵魂的独立、完整，能够从心底认可自己，学会依靠自己的力量来满足自己的需要，当灵魂被照亮的时刻，才能得到最大的快乐。

近代法国女性便深受波伏娃的影响。她们自强、独立，尤其在婚姻生活上毫无心灵负累。她们拥有独立的灵魂，自然具有无限的魅力，法国女人的优雅和美丽享誉世界。

在中国，拥有青春的 18 岁女孩有着无限资本；在法国，有着阅历积淀的 40 岁女人才是最美的年龄。

年近 50 岁的"法兰西玫瑰"苏菲·玛索，优雅的气质、动人的魅力以及对生命的从容，让她浑身散发出一种迷人的气息。这样内外兼修的女性，才能散发出更加迷人的光彩，这种光彩不随时间的流逝、年岁的增加而减退、消散，岁月的流逝反而让她散发出更加迷人的美。

现在的巴黎，每逢女权运动的重要日子，都会在先贤祠高挂波伏娃的巨幅头像。波伏娃无比自信坚定的眼神，总是能给法国女性无限的信心。

但波伏娃也曾像今天无数文艺女青年一样，喜欢穿长裙和平底鞋，喜欢一个人步行远足，她面容清秀端庄，眼神从来都坚定自信。她具有旺盛的生命力和一种潇洒的担当能力，在物质匮乏、生活条件极度恶劣只能穿着脏兮兮的破旧裙子时，她千方百计搞到布票，买布自己做裙子和大衣，她渴望丰富的生活，她像很多法国女人一样，保持进取心和尝试心，不用条框限制自己，努力去做自己真正喜欢而别人也许不看好的事情，并尽力把它做到最好。在任何艰苦的条件下，都能够勇敢地、有尊严地生活。

波伏娃一生都在坚定地走自己的路，并成了自己想成为的人。在自传《盛年》中，波伏娃称自己是非常幸福的人。她还说：回顾我的过去，还没有一个人值得我羡慕。

拥有丰富的情感经历和深刻的人生体验而且创作了大量的文学作品，不需要别人的肯定，这样的幸福感才是货真价实的。

❧❧❧❧ 静思小语 ❧❧❧❧

保持进取心和尝试心，不用条框限制自己，努力去做自己真正喜欢而别人也许不看好的事情，并尽力把它做到最好。在任何艰苦的条件下，都能够勇敢地、有尊严地生活，这样内外兼修的女性，才能散发出更加迷人的光彩。这种光彩，不随时间的流逝、年岁的增加而减退、消散，岁月的流逝反而让她变得更加美丽。

奥黛丽·赫本：因为爱，不说再见

　　俏皮优雅的她曾是一个时代的注脚，也是不断变迁的时尚中的一个永恒；

　　她的穿着方式仍然可以作为现代人智慧衣橱的参考，她的着装风格至今仍是全球女性模仿的对象；

　　作为演员，她出演的电影都获得艺术和商业的双重成功；

　　作为女人，她一直在追寻属于自己的幸福；

　　她的人生之旅算不上漫长却无比瑰丽多彩，晚年的她将无私的爱传播到地球上众多苦难深重的角落；

　　天使总要离开人间，但是，因为爱，不说再见。

　　平胸，清瘦、俏皮，栗色头发，明亮清澈的大眼睛和脱尘离俗的古典气质，睫毛深重好似蝴蝶翼，能把公主的高贵和活泼、淘气完美地糅合在一起，她就是奥黛丽·赫本。

1929 年 5 月 4 日，天使降临人间，荷兰贵族后裔艾拉·赫姆斯特拉和英国银行家约瑟夫迎来了他们的爱情结晶。这个纤弱的女婴就是奥黛丽·赫本。

虽然出生时家境不错，可是，她的童年却并未如童话般美好。父亲和母亲在她 5 岁时就因性格不合分开生活，6 岁时，父亲已不知去向，所以成年后的赫本对父亲的回忆都是模糊的，只是，父爱的过早缺失，也许是她成人后处理与异性亲密关系能力不强的重要原因。

这一次，是她不得不承受的被迫分离。

不过，生活在比利时布鲁塞尔，艺术之都的文化积淀还是给赫本最初的成长打上优雅的印记。1939 年，"二战"爆发，欧洲进入了黑暗漫长的战争年代，幼小的赫本只能随母亲背井离乡寻求安全的住所。很长一段时间，她们只能住在阿姆斯特丹的一个地下室里。战时物资的匮乏让她必须习惯饥饿和恐惧，可是尽管不能日日吃饱，这个瘦弱的少女还是长到了 170 厘米。高挑、纤细的身材在许多年后竟成为风靡世界的美丽标准，只是在当时，少女赫本并不开心。因为她痴迷的芭蕾舞演员的美梦即将破碎。这是她少女时代唯一的精神支柱，也是她对美好未来的全部想象——成为一名芭蕾舞演员、成为舞台中的焦点。可是，170 厘米的身高跳起芭蕾舞并不好看，她也知道她的身高对于芭蕾舞演员来说，实在太高了。

这一次，她只能主动放弃。

童年的经历以及严格的舞蹈训练让这个柔弱的姑娘养成一种隐忍谦和的性格，这也成了日后她即使再艰苦也能绽放的重要原因。

1949年，这位20岁的少女在从海牙开往伦敦的汽船上极目远眺，荷兰大地让她留恋，只是她知道，自己的未来在更广阔的城市，她紧紧地握住手上的提箱，就像要抓紧每一次命运的转机。

20岁的赫本开始独自闯荡。

独自在外闯荡的赫本凭借高挑、纤细的身材做过兼职模特儿，因为有芭蕾舞基础也参与一些歌舞团演出，后来逐渐在电影中担任一些不太重要的角色，这些工作，勉强能让她在这座城市生存。逐渐增多的演出角色终于让更多的导演认识这位漂亮的姑娘，她曾获得著名女作家高莱特夫人的赏识，邀请她到纽约好莱坞出演音乐剧《金粉世界》的女主角，于是，赫本有了到美国发展的机会。1953年，美国派拉蒙公司要拍摄一部浪漫爱情片，片方希望简·西蒙斯来担任女主角，伊丽莎白·泰勒也是备选，在那时，简·西蒙斯和伊丽莎白·泰勒最符合当时的审美标准——金发碧眼，丰乳肥臀，深受影迷的喜爱，不过由于两人没有档期，很快就回绝了邀请，最终，导演决定公开选拔女主角。

当时赫本的生活境遇已经有了很大的改善，还刚刚敲定了《金粉世界》的女主角，所以，对于这次试镜，她并无压力。正是这样的心情，让她可以本色演出，试镜时，有一场戏是公主穿着睡衣在大床上做仰卧起坐。清丽脱俗的赫本轻松地完成了动作，卸妆之后，赫本换好衣服继续和导演聊天，摄影机却在继续工作，聪明的导演通过对生活状态的捕捉，找到了他电影主角的最佳扮演者。于是，那个俏皮可爱的公主在罗马的浪漫邂逅成了银幕永恒的经典。

由奥黛丽·赫本和格利高里·派克主演的《罗马假日》在全世界都获得巨大成功。

据说，在《罗马假日》上映前，片方曾制作一张宣传海报，帅气的格利高里·派克成为宣传的中心，毕竟，赫本并无太大的名气，所以她的名字只放在海报上一个小小的角落里。

当时《罗马假日》在北美的票房是 500 万，海外票房更是高达 1200 万，奥黛丽·赫本的演技也得到了业界的一致肯定，奥斯卡影后的桂冠降临在赫本头上，她在一夜之间成为众人皆知的偶像。

影片中俏皮的公主剪去长发，把圆领白衬衣塞进蓬蓬的长裙里，邂逅高大帅气的新闻记者，在罗马的西班牙广场上愉悦地吃掉一只冰激凌，在露天咖啡馆初次抽烟，在"真理之口"前吓得花容失色，在马路上骑车飞奔，她浓浓的浪漫与快乐已经让几代人为之倾倒，全世界渴望浪漫的女孩子们没有一个不被打动，这个温

馨惬意的故事抚慰了多少人的心。于是，时间定格在那一日的罗马——阳光灿烂旖旎，有人说，自从赫本离开，"罗马"再无"假日"，人间再无"天使"。

当《罗马假日》家喻户晓时，赫本的造型也成了潮流指标。圆领白衬衣塞进蓬蓬的长裙里，衬上有齐刘海儿的俏皮短发的造型成了不少女孩参考的标准。赫本对于时尚的独特看法也逐渐让她成为时尚界的宠儿和潮流引导者。

除《罗马假日》中俏皮可爱的造型外，奥黛丽·赫本经典的造型还出现在《蒂凡尼的早餐》中，三串式珍珠项链、无袖洋装以及超大镜框太阳眼镜，这些东西至今历久不衰。其中黑色丝绸制作、长及脚跟的无袖黑色洋装更是成为赫本的经典形象，堪称时尚界不朽的经典之一。

虽然这些造型都是电影中角色的需要，但是她并不愿做任人摆布的"衣架子"，她对"时尚"有自己独特的理解，并对自己身材的特点十分了解，她找到了自己的穿衣风格——典雅、简洁、大方，金属亮片以及夸张的剪裁她绝不尝试。她明白自己能穿什么、适合穿什么，没有犯一些美女都会犯的低级的自恋错误——以为自己可以驾驭一切风格。

她买衣服更看重质量，质料一流的衬衫是她的最爱，她常常搭配不同款色的裤装，将中性化风格融为一体，她洒脱利落，而不是只有柔弱、窈窕的身形。没有性感的丰腴娇憷，却可以用最具现代感的风貌打动这个世界，并将女性从对丰满胸部或身体的近乎偏执或自虐般的自我预设中解放出来，至今她都是全球女性模仿的对象，并成为现代人智慧衣橱的参考。

"大家学着她走路、说话的样子。每个人都希望自己看起来像奥黛丽·赫本，这股模仿热潮长达 10 年之久。"纪梵希工作室的指导德雷达·米尔回忆。

同大多数女人一样，不论事业怎样一帆风顺，要获得真正幸福的生活却离不开宁静幸福的家庭。赫本虽然红极一时，但感情和婚姻却比较曲折。

赫本第一段感情是在 21 岁，同她恋爱的是一个 29 岁的英国人，这位卡车制造业的继承人诚实可靠，个性坚强，应该是一位可靠的生活伴侣，只是，当时年轻的赫本事业刚刚起步，随后的《罗马假日》完成并取得了巨大成功，她享受着成功的喜悦，可是她的男朋友却并不喜欢她的职业，甚至要求赫本在同他结婚后放弃事业。如果赫本依旧默默无闻，也许她真的会选择回归家庭，可是，这时的她已经大红大紫，越来越多优秀的剧本等待着她去挑选，越来越多的角色等待她去演绎，她已经为自己的职业深深着迷，别忘了，当年的芭蕾舞梦也不过是想要成为舞台的焦点，所以，很明显，赫本只能选择放弃这段甜蜜的初恋。

甜美的赫本自然不缺少追求者和仰慕者。1953 年 8 月，她结识了自己的第一任丈夫——梅尔·费勒。

他是格里高里·派克的朋友，导演、演员兼剧作家，他机智、幽默，外表英俊，演员的身份让两个人有很多共同话题，赫本看过他主演的电影，对他的作品了如指掌，而且十分钦佩他的演技。两人一见钟情，即使当时梅尔·费勒已经结过两次婚，有四个小孩，而且还比赫本大 12 岁。仅仅在相识一年后，他们在瑞士举办了婚礼。

这份感情并未得到家人的祝福，外界也不太看好他们的结合，可是赫本却义无反顾，她喜欢这个具有领袖风范的人物，并对他产生深深的依恋。在这个女孩的内心，其实极其缺乏安全感，她甚至在婚礼上激动地告诉梅尔说："因为你，我终于可以嫁出去了。"在感情上，她一直都在寻找依靠，这个深色眼睛、高颧骨、脸庞线条如刀刻般清晰的男人一定是给了她心灵极大的慰藉，她才会这样奋不顾身。

甚至在 1967 年演完梅尔·费勒导演的《等到天黑》后，赫本突然宣布息影。理由是她要去追寻更为重要的角色：扮演好妻子与母亲。她并不认为这是牺牲，日益成熟的她更愿意正视内心的感受，幸福的家庭生活才是她人生最大的追求。事实上，除非婚姻出现重大问题，否则不需要赫本做出息影的决定来回归家庭。

的确，她和梅尔·费勒的感情已经岌岌可危。赫本喜欢梅尔·费勒的领袖风范，而梅尔·费勒也确实在赫本的生活中充当着这样的角色，他对赫本的照顾无微不至，无论什么时候，赫本生病或不适，费勒都永远在她身边，他们两人还有个共同的孩子西恩。在无微不至的另一面，梅尔·费勒还是一个控制欲望有些强烈的男人，他们的一个朋友评论说："费勒对奥黛丽好像有一种统治的权力，我觉得他所表现出的男子汉气概比一般人还要强，他对她那么生硬，说一不二，使旁观者都难以接受。"

梅尔·费勒很看重自己的男性权威，但却偏偏要他担任一个国际知名人士和影坛巨星的丈夫。因为费勒个人事业的暗淡，最后不管他愿不愿意，他还是做了赫本的陪衬和保护人。

做了13年的"奥黛丽·赫本的先生"，梅尔·费勒终于有些厌烦，赫本不愿婚姻破裂，她在事业蓬勃发展时选择离开，回到她在瑞士的"和平之邸"，她为挽救他们的婚姻做了所能做的一切，却终究在费勒和一个西班牙女郎打得火热的绯闻中伤心离去。1967年，赫本结束了第一段婚姻。

但爱情并不会对这可爱的女人吝啬，同意大利医生的邂逅让她有了不一样的感情体验，在罗马大学教书的著名心理学家安德烈·多蒂医生浪漫多情，爱琴海风光旖旎，于是，赫本又一次坠入爱河。这一次，她十分谨慎，上一段婚姻的失败让她更加关注家庭，她褪去明星的光环，只做一个平凡的主妇，全心照顾家庭，她穿着牛仔裤与白衬衫，在意大利自在地生活，她愿意以这样的方式度过余生。只是，多情的意大利人无法只钟情她一人，结婚7年后，丈夫的一次次背叛还是打碎了她的梦想。她只能再一次和婚姻说再见。

即使两段婚姻都不美满，但是，命运最终还是眷顾这位渴望幸福的女人。1980年冬天，在朋友的家里，她看见一个坐在舒适的沙发上读书的男人，旁边温暖的壁炉让她心生暖意，而读书的男人也让她觉得安静美好。他们并不是一见钟情，只是在日日的相处中找到了共鸣。罗伯特·沃德斯，这个后来被她称为"灵魂伴侣"的男人最终陪她度过了余生。

奥黛丽·赫本说过："人是从挫折当中去奋进，从怀念中向往未来，从疾病当中恢复健康，从极度苦恼当中勇敢救赎，不停地自我救赎，并尽可能地帮助他人。人之优势所在，是必须充满精力、自我悔改、自我反省、自我成长；并非一味地向人抱怨。"

安妮公主在银幕上可以永远年轻，可是现实生活中的赫本却不能拒绝衰老。

时间带走她的青春和俏丽，却始终带不走她的优雅。人们总是能从她微笑的样子，找到当年安妮公主的影子。

不再年轻的奥黛丽·赫本淡出影坛，她开始参与越来越多的公益活动。她出任联合国儿童基金会的爱心大使，不遗余力地唤起社会对落后国家儿童生存状况的关注。她曾不顾战乱和传染病的危险，看望一些贫穷地区的儿童，足迹遍及埃塞俄比亚、苏丹、萨尔瓦多、危地马拉、洪都拉斯、委内瑞拉、厄瓜多尔、孟加拉等亚非拉许多国家。她一次次抱起非洲受难的儿童，一次次为这些苦难者寻求更多的帮助，持续给世界上不幸的孩童们灌注她不吝惜的爱。

1992年，奥黛丽·赫本体检后被发现已经患有癌症，诺贝尔和平奖得主特蕾莎修女获悉奥黛丽·赫本病危的消息时，呼吁所有的修女彻夜为她祈祷，希望她能康复，祷告传遍了世界各地。可是，众人的挽留还是没能让天使停下离开的脚步，1993年1月20日，奥黛丽·赫本在瑞士的托洛谢纳病逝，享年64岁。

回顾奥黛丽·赫本的一生，她终其一生保持着谦和温厚、优雅高贵的性格，以仁爱之心面对整个世界，更以巨大的人格魅力赢得全世界的喜爱。

赫本去世的时候，伊丽莎白·泰勒就说："天使已经回天国去了。"

而喜欢她的人们，却始终不愿说"再见"。

静思小语

"世界本来就是不公平的。但是世界只有一个，它正变得越来越小，人们之间的接触也不得不越来越频繁。我们生活在这样的环境中，那些富有的人就有义务、有责任去帮助那些一无所有的人。"——奥黛丽·赫本

你不能要求
没有风暴的海洋

玛格丽特·撒切尔：练就与梦想匹配的才华

她只是一个出身低微的店主的女儿，在无任何家庭背景的情况下，居然有胆量进入男性权势占领的政界，成为英国的女首相；

她不屈不挠和坚定果敢的意志力让她终于成为唐宁街10号的主人；

她在整个80年代，被称作"铁娘子"，也被认定是世界上最具力量的女性；

她是英国政治家，一位女性英国首相，成为二次世界大战后，英国最伟大首相；

她曾说："有些人为生活而工作，我是为工作而生活……我将每一分钟看作60秒冲刺赛。"

1925年10月13日，玛格丽特·撒切尔出生于英国伦敦西部格兰汉姆的一家杂货店主的家中，她在清教徒式的环境中长大，虽然物质条件并不优越，但是父亲的教育让她形成了一种与众不同的品格。父亲常常教育她："你必须自己拿主意，你不要因为朋友们的做法而去效仿，你不要因为害怕与众不同而随波逐流……你要率众之先，而决不从众。"

这样的观念在玛格丽特·撒切尔的成长中起了关键作用，她知道要率众人之先，必须付出巨大的努力。

她曾经为获得牛津最好的女子学院索姆维尔的奖学金，自己用一年的时间学习了四年的拉丁语课程知识。她喜欢政治，曾经

跟随父亲参加市政会议，从那里她感受了政治措辞的艺术性。她常常参加学校的辩论比赛，由此练就了非凡的口才。她曾获得化学学士学位和法学学位，这让她兼具科学家的缜密和法学家的思辨。所以，玛格丽特·撒切尔的特点是，运用"思维"或"理智"解决问题，而不是凭"感情"或"情绪"作出反应。

她有强烈的工作热情，学校朋友曾说："我从没见过像玛格丽特这样有无尽工作能量的人。"她曾说："已习惯每晚睡四五个小时，能保证不生病；有时候我只睡一个半小时。"

这样一位优秀出色的女性必然会在某一领域脱颖而出。

在她大学毕业后，凭借她的化学专业知识，她曾在塑料公司工作，不过很快，她决定在肯特的达特福德地区竞选保守党议员，其实这次成功的概率几乎为零——因为劳动党拥有 2 万张选票中的大多数，但是她却用百分之百的努力去做了一件十分艰难的事，最终，她以失败告终——这是从事情的结果来看，而从她整个政治生涯来看，这应该是一次有价值的失败。10 年之后，撒切尔在伦敦郊区的富人高级住宅区芬奇莱再度竞选议员，因为她越来越出色的工作成绩，两年后，她被首相任命为国会退休金和全国保险部大臣。1961年，撒切尔才35岁。一直到1979年竞选首相成功，她曾担任石油、电力、能源部、交通、教育和科技大臣，在这些领域，她表现出超强的工作能力。

1979年5月4日，玛格丽特·撒切尔率领保守党在竞选中获胜，她踏上唐宁街10号的台阶，对其支持者说出了著名的一段话："混乱处我们带来和谐，错误处我们带来真实，怀疑处我们带来信任，沮丧处我们带来希望。"

在男子权力统治的堡垒中她从不退缩，她力排众议，从不畏惧任何反对和谩骂，对争议事件从不左右摇摆，她甚至愿意为自己坚信不疑的政策放弃民众支持率。她的原则只有一个：只要认为是对的，就去做。她拥有钢铁般的意志，被称为"铁娘子"，正是这种锐利而强大的性格使她成为我们时代真正伟大的创造幻想家。

《华盛顿邮报》曾为她精彩总结："撒切尔夫人不仅扭转了英国的发展方向，也改变了它在世界上的地位。"

在担任11年半的英国首相期间，她为国家和政治投入了巨大的精力，她与她的班子常常一天工作14小时。在唐宁街10号，玛格丽特·撒切尔强硬而坦诚，固执而富同情心，竞争而又冷静。她熟悉政治、商业、税收和科学领域的各自特点，她用非凡的才华让自己的事业达到巅峰。

一个毫无背景的杂货店主的女儿最终成为唐宁街10号的主人，依靠的是率众之先的野心、长久不懈的努力以及超越凡人的才华。

没有对各个领域知识的掌握和透彻的理解以及洞悉全局的才华，怎么能在男性权势占领的政界实现自己改变国家现状的野心？

其实，每个人都会有自己的理想，有时当理想定位过高就会被人称为"野心"。然而梦想并不可笑，可笑的是定位太高而又努力不够。

当才华还撑不起梦想的时候，常常让人挫败。这时，你不该嘲笑自己的理想，而是应该努力让自己的才华撑起自己的梦想。与其垂头丧气、妄自菲薄，不如静下心来学习。因为只有拼出来的美丽，没有等出来的辉煌。

事业成功的女性往往很难兼顾家庭，这也成为女性政要婚姻失败的根本原因。但是，玛格丽特·撒切尔却非常幸运，她有一段幸福的婚姻。

她同丈夫丹尼斯在一次集会上相识，这次集会正是达特福市为欢迎撒切尔并正式通知她为该市议员候选人而举行的。撒切尔作为集会的主角大放光彩，丹尼斯对她一见钟情。集会结束后，

丹尼斯主动提出送她一程，撒切尔欣然接受了他的好意。他俩的交往便由此开始。

经过一段时间的交往，两人对彼此的性格十分欣赏，但是丹尼斯曾有过一段婚史，如果对于普通人来讲，并不会对结合构成任何障碍，这根本就是两相情愿之事。可是，对于当时在政治上野心勃勃的姑娘来讲，却是一个不小的困难，她的婚姻除了要考虑自己的意愿，也要有更多的顾虑。

虽然有过挣扎，撒切尔还是义无反顾地和丹尼斯交往下去，并最终选择丹尼斯作为终身伴侣。

事实证明，丹尼斯是撒切尔再正确不过的选择。

他们的基本价值观念相同，但是生活习惯却大相径庭，但这却并不妨碍两人的感情。尤其是丹尼斯，他始终如一地支持着妻子。他当时爱上的就是一个在政治上散发着迷人光彩的女孩，他也并没有因为这个女孩变成了自己的妻子就反对她追求自己的理想。

其实，撒切尔的理想是与家庭生活有所冲突的，她一旦投入政治领域，就意味着给予家庭的时间少之又少。

而丹尼斯也完全没有打算将她归入家庭，他给了妻子太多的支持和鼓励。

当撒切尔的选举走入困境时，丹尼斯给了她极为有用的建议："你的劣势就是你的性别。但如果你能够好好利用女性魅力，它将成为支持你的力量。"听从了丈夫建议，撒切尔开始注意自己的形象，并将头发染成金色，穿开领上衣和短裙，充分展示出自己的女性魅力。

当撒切尔生下一对双胞胎几天后便回到自己的阵地，他就全心照顾好自己的孩子，并未有任何反对。撒切尔的事业越来越成功，他索性结束自己的生意来照顾他们的家庭，让妻子没有任何后顾之忧。

一次，他们两个人差点被爱尔兰共和军的炸弹炸死。撒切尔身为首相，一如既往地表现出坚强，丹尼斯却默默地为妻子买了一块手表，提醒她，他们的时间每一分每一秒都很宝贵。他们相濡以沫 50 年，2003 年，丹尼斯去世，撒切尔身体也每况愈下，后来得了老年痴呆症的她不肯接受丹尼斯去世的事实，每天早上一起床的第一句话就是："丹尼斯去哪里了？"

所以，不管作为政治家的撒切尔有多强硬，在家中，她始终是一脉柔情。她是何其幸运，在最美好的年华里，邂逅了最真挚的感情。拥有婚姻，也没有成为爱情的坟墓，反而成了事业的支撑点。

撒切尔曾说："你就不会一见钟情吗？我认为事先设定条件，比如什么 6 英尺 2 英寸的身高、黑色的卷发、温柔的声音，雍容大度，高大强壮，那都没有用，你爱上的是那个人的人格，任何先决条件都没用。"

这也许就是他们的婚姻幸福的原因，撒切尔看重的是人格，所以她在众多追求者中选中一个看似并无太多优势的年长她 10 岁并有过婚史的丹尼斯。

的确，对于一个女人来说，婚姻最可靠的基础和保证不是物质条件也并非盲目的爱情，更重要的，应该是一个有爱情作为基础并有坚定品质的伴侣。

一个正直的人才能在多变的境遇中不忘记最初的承诺，不管是顺境或逆境都一如既往地深爱自己的妻子，并能对突如其来的变故依旧表现出稳定的心理特征，不会因为几次失败就一蹶不振而放弃对家庭的责任，也不会因为偶然的成功而欣喜若狂对伴侣产生轻视，不会轻易怀疑、放弃，不会轻易失去信心，这才是决定我们的婚姻能否幸福的关键。

静思小语

当才华还撑不起梦想的时候，常常让人挫败。这时，你不该嘲笑自己的理想，而是应该努力让自己的才华撑起自己的梦想。与其垂头丧气、妄自菲薄，不如静下心来学习。因为只有拼出来的美丽，没有等出来的辉煌。

杰奎琳·肯尼迪：确定自己的需要，然后勇敢实践

她的标志性形象是经典的优美和高贵的豪华，她拥有让自己成为关注焦点的卓越能力；

她以独到的眼光和穿着方式将时尚带进白宫，给美国流行时尚吹进前所未有的优雅之风；

她有惊人的勇气、坚定的意志和高贵的气质，她的名字闪耀在权力和财富之巅；

她曾先后征服了美利坚合众国最有地位的男人和富可敌国的希腊船王；

她的一生并未因为某个男人而定格，她始终清楚地知道自己最想要什么，并且勇敢地实践。

杰奎琳·肯尼迪曾在文章中说："鄙人身高5英尺7英寸，棕色头发，方正脸庞，两只不幸的眼睛相去甚远……当我走出家门的时候，颇有一种潦倒的巴黎人的味道……"

带有几分自嘲，杰奎琳描绘出自己的相貌。的确，从照片上看，她确实和倾国倾城有太大差距。可是当你看到她对当时美国流行时尚的影响以及她所处的地位，你就难免好奇，这个女人到底以何种魔力征服了美利坚合众国最有地位的男人？

杰奎琳的成长从无物质条件的匮乏，即使父母离异，母亲改嫁，她也一直在富裕的环境中生活。她的父亲酗酒、好赌并且花心，

这是她的母亲坚持离婚的原因。她的母亲是典型的上流社会女子，举止优雅，追求生活的品位。当离开游手好闲的丈夫后，杰奎琳的母亲成功地改嫁给当地有名的富翁，也因此，杰奎琳和妹妹有了更为优越的生活环境，她们同母亲一起住进了继父豪华气派的哈姆密尔斯庄园。在享受奢华条件的同时，因为是寄人篱下，杰奎琳自然也就养成了察言观色的本领。

1947 年 9 月，杰奎琳进入享有盛誉的瓦萨大学学习。这所贵族学校崇尚优雅、豪华的高品质生活，杰奎琳在这里学习芭蕾、诗歌、绘画，她也逐步具备了名媛所具备的气质。在瓦萨大学，她不是最漂亮的却是最受欢迎的。她幽默风趣、深沉而又充满活力，虽然很年轻，但已经有大将之风。

而在择偶问题上，杰奎琳也受到环境的很大影响。她的母亲是一位看重金钱、荣誉以及地位的女人，她同母亲共同生活，这样的生活态度潜移默化地影响了她。而她读书的学校也大致都是这样的观念，所以，有权势或有财富早已成为她的择偶标准。

在认识肯尼迪前，杰奎琳也曾有过短暂的恋情。

她的男友是一个银行家的后代，为人正直、善良、可靠，作为丈夫应该是个不错的选择，但是杰奎琳发现，虽然男友拥有财富，但是缺乏成就一番事业的野心和魄力，并不是自己的理想人选，所以，杰奎琳果断做出决定，与男友分手。

随后不久，杰奎琳便在一次晚宴上邂逅了比她年长 12 岁的约翰·肯尼迪。

当时毕业于哈佛大学，又是最年轻议员的肯尼迪已经在政坛崭露头角，他相貌英俊，充满魅力，乐于追求女性，身边从来不缺少气质优雅、容貌出众的女性。要获得肯尼迪的好感很容易，但是想要彻底抓住这位男士的心并与其建立长期稳定的关系却很难。

这对杰奎琳来讲是充满乐趣和挑战的。

大学毕业后的杰奎琳得到了在《华盛顿先驱时报》任职的机会，新闻工作让她熟悉了政治和社交，她从小到大学会的察言观色的本领让她在社交方面应对自如。

同肯尼迪相识后，她开始按照自己的步伐和节奏去掌控感情。

她知道感情的基础应该是合适的距离，她不失时机地成为肯尼迪生活上的助理，给肯尼迪了解自己的机会。她敏锐的观察力和分析力、深度适宜的谈吐很快便获得肯尼迪的好感，毕竟是名媛的修养，她和肯尼迪常常接触的身材姣好却知识匮乏的女人有很大不同。

但是，杰奎琳却并不急于同肯尼迪迅速地建立恋爱关系。甚至除工作之外，她对肯尼迪"漠不关心"，她屡屡拒绝肯尼迪的约会，这让一直在女人方面极为得意的肯尼迪摸不着头脑。她十分巧妙而又有意识地和他保持距离，反而让肯尼迪更为着迷。

肯尼迪越来越被她吸引，他甚至要用婚姻的承诺来获取杰

奎琳的芳心。而杰奎琳还是非常从容，她对肯尼迪的求婚并未欣喜若狂，她没有给肯尼迪答复，而是突然去欧洲旅游，把肯尼迪折磨得痛苦不堪。

没有这样的智慧，怎么能从一家报馆一直走到世界的中心，怎么有资格去陪伴美国最有权势的男人？

当美国最优秀的男人肯尼迪成为自己丈夫的那天晚上，杰奎琳在日记中写道："我终于将参议院最有希望的男人掌握在自己手中。"

除了在婚姻上表现出的过人智慧，在成为白宫女主人后，杰奎琳才真正展现出自己无限的魅力。

她认为，白宫代表着国家，而当时的白宫装修得沉闷乏味，她召集相关人士组成一个美术委员会，到处寻找古董家具和历史艺术作品，希望重新让白宫体现自己的价值。她通过各种方式募集到了资金，整个的装修过程并未花国家一分钱。当整个白宫装修完毕，她自己出面带领哥伦比亚广播公司的电视主持人拍摄参观巡游整个白宫的电视节目，使民众第一次详细地了解了白宫的历史与建筑风格。杰奎琳亲自为纪录片用法语与西班牙语进行了解说，将该片推向海外，世人对白宫有了更为深刻的了解，也让美国人对此自豪不已。她不但得到了民众的高度肯定，也让自己的总统丈夫对其刮目相看。

当然，这还不是杰奎琳的全部。她通晓多国语言，又深谙时尚之道，她很好地运用了服饰作为纽带与语言，这让总统的外交充满话题。

　　在访问法国期间，她和戴高乐用法语对话，受到法国人的热情欢迎。杰奎琳喜欢法国的设计和时尚，但聪明的她知道，全身的欧洲设计并不能更好地获得公众的喜欢，她的设计师卡西尼按照她的要求，将欧洲设计加入活泼的美式风格，简洁优雅的服饰让杰奎琳如此特别，巴黎著名时装评论家赫柏·多西撰文说："杰奎琳风格改变了现有的时尚，打破了美国固有的清教徒似的穿衣风格，她告诉女性如何正确佩戴首饰、什么样的发型是入时的、什么才是真正的优雅生活。"她给美国流行时尚吹入前所未有的优雅之风，人们争相模仿第一夫人的穿着方式，至今影响深远。而在同总统进行外事活动时，她更是根据出访的国家特点而设计符合情境的服装，她总是能给人留下深刻的印象。在出访法国时，她甚至比肯尼迪获得的关注还要

多，总统曾幽默地表示："不是杰奎琳陪我，而是我陪杰奎琳·肯尼迪出访巴黎。"

这样公开地表示对妻子的赞美，也能看出杰奎琳在肯尼迪心中的位置，他们两人已经成为真正意义上的灵魂伴侣、合作伙伴。

1963 年 11 月 22 日，杰奎琳随同肯尼迪来到得克萨斯州进行连任竞选演讲，肯尼迪遇刺身亡时，他俩在车里，她正坐在肯尼迪的身旁。

她曾经形容当时的场景："突然一声脆响，像是汽车发动机逆火的声音。我的眼前蒙上了一层红雾。紧接着又是两响。杰克的身子像提线木偶似的一弹而起，又跌落在座位上。他的脑浆迸溅到我的腿上，鲜血混杂着碎骨和肌肉组织喷射到我身上。"

恐惧、惊吓和痛苦占据了她所有的思绪。

可是她却能迅速冷静，突如其来的变故却并未击败这个坚强的女性，她明白自己作为总统遗孀的重任，她必须以国家为重，即使心中悲痛，她依旧参加了新总统就任仪式。只是，她不肯脱掉刺杀现场那套血迹斑斑的粉红色套装。

除了出席仪式，她还为丈夫举办了隆重的葬礼，她镇定自若地安排了纪念仪式中每一个细节，包括她的儿子小肯尼迪该在葬礼上如何向父亲的遗体敬礼。肯尼迪的葬礼庄严沉痛，让世人动容。杰奎琳头上蒙着黑纱、穿着黑色裙装带着两个孩子和肯尼迪的遗体告别，在棺木前，她把手上的结婚戒指摘下来，放进棺材，第一夫人的生活结束了。

回顾她第一夫人的生涯，并不容易，她要面对美国公众审视的目光、肯尼迪家族高标准的要求，丈夫无暇照顾的孤独，甚至丈夫朝三暮四留给她的愤怒。

　　她用事实证明，她是如此胜任第一夫人的角色。她是所在时代的无冕皇后，她最终成为美国人心目中排名第一的总统夫人。

　　作为第一夫人的生活结束了，可是她的传奇还在继续。

　　1968年，肯尼迪的弟弟、总统竞选人罗伯特·肯尼迪被暗杀，五年间兄弟两个都死于非命，这让杰奎琳十分恐惧，她认为肯尼迪家族已经成为暗杀的目标，而她的子女很有可能也因此遭到威胁。"如果他们再下毒手，我的儿女无疑将首当其冲。"杰奎琳在罗伯特的葬礼后发出了这样悲痛的声音。

　　美国对她来讲处处都暗藏危机，她决定带着儿女离开美国前往希腊。

　　在希腊，船王亚里士多德·奥纳西斯已经向她求婚，奥纳西斯有足够的金钱和势力可以保护她，但是这样的婚礼却备受争议。人们无法接受美丽的妇人嫁给这位62岁的新郎，他们指责杰奎琳贪图船王的亿万家产。但是不管人们怎么猜测这桩婚姻的真实目的，杰奎琳还是坦然地走入婚姻的殿堂。

　　这段婚姻只持续了七年，1975年3月15日奥纳西斯去世前填了一份离婚书，杰奎琳又一次成为单身。

　　1976年，47岁的杰奎琳开始工作，她成为一家出版社的编辑，随后她认识了自己的第三任丈夫莫里斯·坦帕尔斯曼。年近半百的杰奎琳过起了普通人的生活，她不再需要因为权势和地位去衡量伴侣的价值，能够彼此包容而不是一味地迎合，她因此体会到了更多的温情。

❧ 静思小语 ❧

生活的环境也许造成每个人价值观念的差异，就像杰奎琳，从小生活的环境和所处的境遇让她的价值观念更多倾向于权势和地位，她没有让自己成为空想家，她确定了自己需要什么，并勇敢地实践，所以，才有了独一无二的第一夫人。

J.K. 罗琳：低潮的谷底，就是命运的转机

她是世界上最成功的作家和最富有的女性之一，她甚至比女王还要有钱；

她曾创造了让我们为之倾倒的魔法世界，而她的智慧比魔法世界更让人震撼；

她包裹在财富和影响力里面的，是她坚不可摧的信念；

她在誉满世界前，也曾经历低潮，但是她却彻底翻转人生；

她说："我们不需要改变世界的魔法，我们自己的体内就有这样的力量。"

当七本《哈利·波特》，共售出四亿五千万册后，关于魔法学校学生的成长冒险故事也告一段落。不管是书还是电影，这个系列都有无数的读者和观众。你也许不是狂热的《哈利·波特》迷，但是十几年前你对这个风靡世界的电影也应该有所了解，时光静静流淌，它陪着无数人走过青春，成为一代人的记忆。

而这所有魔法世界的奇妙都来自一个女人天马行空的想象。

她就是——英国女作家 J.K. 罗琳。

其实，J.K. 罗琳只是她的笔名，她本名乔安妮。在第一部《哈利·波特》出版之前，为了让作者看起来不像是女性，所以出版社要求她使用较为中性的笔名，她按照出版社的要求用了 J.K. 罗琳这个名字。

那时的她还默默无闻，之前找过几家出版社，但不久就收到了退稿信，没人愿意出版这本"有些离谱的儿童读物"。

在出版第一部《哈利·波特》之前，正值罗琳的人生低谷。

刚刚同结婚不到三年的丈夫离婚，还要独自抚养一个尚未满周岁的女婴，她没有积蓄又找不到工作，只能在妹妹的帮助下勉强安顿下来。她住在一层没有暖气又简陋的毛坯公寓，最困难的时候她不得不向政府申请救济金。

她不是单亲妈妈的悲惨境遇的特例，找不到工作申请救济的妇女也很常见，但是，对于拥有文理学士学位的大学毕业生来说，这简直是个莫大的耻辱。

怎么将人生过得如此失败？罗琳也曾十分沮丧。难道自己的专业是如此一无是处，难道当初父母的反对真有道理？

原来，罗琳选择专业时，父母都希望她能够读一个能学到专业技能的学位，获得一技之长自然能解决吃饭问题。罗琳家并不富裕，能够找到一份工作解决生存问题在他们看来尤为重要，但是罗琳却瞒着父母最终选择了古典文学。

罗琳在后来演讲时说："我忘了自己是怎么把学古典文学的事情告诉父母的了，他们也可能是在我毕业那天才发现的。在这个星球上的所有科目中，他们很难再发现一门比希腊文学更没用的课程了。"她凭借自己的兴趣作了选择。不过，她也遵从父母的意见开始学习英语以及法语的双语秘书课程。

毕业之后，她只身前往葡萄牙发展，依靠秘书课程找到了一些类似文秘的工作。工作之余，古典文学毕业的罗琳并没有放弃自己的专业，24岁的她开始有了创作《哈利·波特》的念头。而在这时，她也在异国寻找到自己的爱情。她同葡萄牙裔的乔治·阿朗特斯一见钟情，也许大多数学文学的女性都具有浪漫情怀，她们总是将爱情想象得十分美好，同时将婚姻想象得无比简单，所以，1992年10月，冲动的罗琳迅速同乔治·阿朗特斯举行了婚礼。

婚后诸多问题接踵而至，他们不断吵架，而乔治非但不肯迁就她，甚至在一次严重的争吵下，将罗琳赶出家门。

伤心的罗琳对丈夫彻底失望，她抱着刚刚出生不久的女儿离开葡萄牙，回到了英国。

回到英国的日子更是艰难，她不愿永远领取政府的救济金。她决定将写作的想法好好梳理，第一部《哈利·波特》的框架和情节开始在她的头脑中慢慢勾勒，她常常利用女儿睡觉的时间进行《哈利·波特》初稿的撰写工作。

在尼克尔森咖啡馆的角落里，人们常常看到一位奋笔疾书的女性，她十分专注，不过偶尔的婴儿啼哭总是会打断她的思路，不过当漂亮的女婴酣睡时，她又开始深思。没有办法，想构筑一个精彩的关于魔法的故事不是一件轻松的事。而在创作《哈利·波特》时，罗琳常常将自己熟练掌握的古典文学技巧运用其中，这才使故事更加跌宕起伏。

1995年她终于完成了《哈利·波特与魔法石》的初稿。

几经周折，1997 年 6 月，《哈利·波特与魔法石》终于在英国出版。出版方在首印时只有 500 本，显然，他们也不确定这本书能否受到读者的欢迎。可是不久，还没等到大部分的读者将其读完，美国的一家出版社就联系了罗琳，他们愿意以 10.5 万美元的高价买下《哈利·波特》在美国的出版权。随后的几年，《哈利·波特与密室》《哈利·波特与阿兹卡班囚徒》《哈利·波特与火焰杯》《哈利·波特与凤凰社》《哈利·波特与混血王子》陆续出版，直到 2007 年《哈利·波特与死亡圣器》完结篇出版，罗琳的"哈利·波特"系列小说被翻译成 67 种文字，在 200 多个国家发行，所有版本的总销售量累计达 4 亿多万册。巨额的版税让她成为英国最富有的女人之一，而且，在以后的日子里，每一次重新印刷出版，出版社都将支付给 J.K. 罗琳巨额版税，甚至她不在人世，她的后代依然会因此而受益。

　　她最终依靠自己的力量告别了窘迫的生活。在个人网站上，罗琳写道："这些年，我获得的最好的东西或许应该是焦虑的消失。我依然不能忘记攥着手中的钱，考虑能不能付得起账单的那种感觉，不用担心这些是世界上最奢侈的事。"

　　2008 年哈佛大学邀请罗琳做毕业典礼演讲，而在前一年，来演讲的是比尔·盖茨。罗琳的成绩显然已经受到全世界的认可。她被认为是成功女性之一，但是这位女性的演讲却谈及很多关于失败的思考，她认为是失败成就了自己：

　　"从任何传统的标准看，在我毕业仅仅七年后的日子里，我的失败达到了史诗般空前的规模：短命的婚姻闪电般的破裂，我又失业成了一个艰难的单身母亲。除了流浪汉，我是当代英国最穷的人之一，真的一无所有。当年父母和我自己对未来的担忧，现在都变成了现实。按照惯常的标准来看，我也是我所知道的最失败的人……失败意味着剥离掉那些不必要的东西。我因此不再伪装自己、远离自我，而重新开始把所有精力放在对我最重要的事情上。如果不是没有在其他领域成功过，我可能就不会找到，在一个我确信真正属于我的舞台上取得成功的决心。我获得了自由，因为最害怕的虽然已经发生了，但我还活着，我仍然有一个我深爱的女儿，我还有一台旧打字机和一个很大的想法。所以困境的谷底，成为我重建生活的坚实基础。"

这就是罗琳对于自己取得成绩的原因的总结。她希望她的经历能够给毕业生一些提醒，也许他们现在还未遭遇失败，但是，没有人可以永远一帆风顺，而失败就像是一根绳子，有的人用来继续攀爬更高更陡的山峰，有的人把它当作了自缢的工具。平坦时的踌躇满志并不罕见，但是失败时不轻言放弃才是真正的勇敢。失败有时候就是动力，关键是你不能放弃自己。

罗琳用自己的经历告诉所有女人：对女人来说，必不可少的素质并非青春与美貌，而是能力、勇气，以及把意志化为行动的魄力。她曾因为贫穷而面容憔悴，即使当时的她二十几岁的年纪甚至没有四十几岁时看起来靓丽。很多人怀疑她整容，可是资深的整容专家却始终在她脸上找不到动过的痕迹。其实，事业的成功不仅让罗琳如施魔法般抵御了时光在女人脸上的划痕，更是滋养出了优雅从容的气度。而 20 岁的她即使没有洋溢在脸上的自信却依然拥有藏在心底的勇气。也许现实的压力让她无暇顾及修饰自己，但是，她内心却坚信，自己有能力改变，并将此付诸实践，于是，能力、勇气和魄力让她的人生重焕光彩。

在一次次的电影首映式上，她自信靓丽的笑容甚至美过到场的明星，因为，她的成功仅仅是依靠自己奋斗，而不是仰仗家室背景或男人。

这应该是对无数郁闷的失败的女子最好的鼓励。

多少失败的女性深陷痛苦的深渊，曾经将所有的赌注掷于婚姻，当为家庭付出自己所有的精力却得不到一点儿回报，配偶不但不对你报以同样的珍惜，甚至要破坏自己辛辛苦苦建筑的"堡垒"，让幸福不知所终。如果你不让自己变得坚强和独立，那人生将毫无生机。即使你可以寻找到下一个避风的港湾，在感情中，有一个男人肯保护你、善待你，这是一种幸运，但是这样对个人来讲是一种退化，失去了经验累积的智慧，也就失去了处理问题的能力，自然也不会有理性的坚定和执着。如果有一天，他不再保护你的时候，你将很难独立在这个社会中生存。

所以，女人不能一味地依赖，要学会坚持和独立。因为男人在保护你的同时，你也失去了成长和增加人生智慧的机会。

当你拥有强大的自我，即使遇人不淑，即使感情失败，依然可以有重新来过的机会。

2001年，36岁的罗琳再次结婚，婚礼在苏格兰一处19世纪的豪宅内举行，只邀请了双方父母等15位亲友参加。她的新婚丈夫莫瑞是苏格兰爱丁堡的一名麻醉医师，婚礼共进行了20分钟，这位性格内向且有几分拘谨的男人在婚礼上承诺会带给罗琳幸福，其实，对于一个内心如此坚定的女人来说，她已经不需要别人给予她幸福，她可以从婚姻中寻找到快乐，却绝不会盲目地依附婚姻。婚姻的成败并不由一个人决定，谁也说不准哪一天爱情消失，婚姻就走到尽头。当有一天若由于对方的背叛而导致婚姻破裂，拥有生存智慧的女人一样能活出别样的精彩。

法国作家巴尔扎克说："挫折对于天才是一块垫脚石，对于能干的人是一笔财富，对于弱者是一个万丈深渊。"所以，即使不做一个天才，也要做一个能干的人。

罗琳在哈佛大学的演讲中，关于正视父母的意见和建议的内容也让人动容。她说："我想说明，我并没有因为父母的这些观点而抱怨他们。他们希望我能摆脱贫穷，因为贫穷会引起恐惧、压力，有时候甚至是沮丧。这意味着心胸狭窄、卑微低下和很多艰难困苦。通过自己的努力摆脱贫穷，确实是件很值得自豪的事，只有傻瓜才对贫穷本身夸夸其谈。"

曾经父母极为反对她学习古典文学专业，他们希望女儿选择一门更为实用的技能，即使这违背罗琳的意愿，但是她依旧没有抱怨，她选择了折中的办法，在不放弃古典文学的同时，学习文秘等相关知识，这的确有用。在她依靠古典文学无法谋生时，文秘的知识让她不至于饿肚子。

也许有的父母地位卑微、思想陈旧，但是他们同样希望儿女幸福快乐。也许因为殷切的希望常常不容分说就把生活的琐碎、沉重甚至残酷带给你，给你本就一地鸡毛的生活再平添一分压力，但对父母感恩和爱是作为儿女十分必要的责任，主持人梁继璋曾在给儿子的信中说："亲人只有一次的缘分，无论这辈子我和你会相处多久，都请好好珍惜共聚的时光。下辈子，无论爱与不爱，都不会再见。"

也许作为父母有时过多的期待和依赖也成为儿女最大的压力。但是不管有多少差异，有多少分歧，最后，总还会因为爱而难以割舍。不如通过倾听与体谅而修补，找到双方都接受的解决问题的方法。迁就，并没有你想象中那样痛苦。

◆◆◆ 静思小语 ◆◆◆

当你拥有强大的自我，即使遇人不淑，即使感情失败，依然可以有重新来过的机会。法国作家巴尔扎克说："挫折对于天才是一块垫脚石，对于能干的人是一笔财富，对于弱者是一个万丈深渊。"所以，即使不做一个天才，也要做一个能干的人。

高贵的灵魂，
永恒的光亮

玛丽·居里：一次稳固自我价值感的修炼

她是历史上第一个获得诺贝尔奖的女性，也是历史上第一个两次获得诺贝尔奖的人；

她拥有坚强的意志，因为有她，人们第一次将放射性同位素用于治疗癌症；

她曾拥有一个志同道合的丈夫、一段琴瑟和鸣的婚姻、一个幸福无比的家庭；

她在丈夫去世后曾因为寻觅爱情被冠以"波兰荡妇"的骂名，她伤心愤怒，最后只能选择筑牢抵挡风暴的心灵堤坝；

她是爱因斯坦口中，在所有的世界著名人物当中，唯一没有被盛名宠坏的人；

她知道，盛名、骂名对于一个拥有稳固价值感的人来说，都只是浮云；

她拥有一个丰富而坚定的自我。

"她一生中最伟大的功绩——证明放射性元素的存在并把它们分离出来——所以能够取得，不仅是靠大胆的直觉，而且也靠着难以想象的和极端困难的情况下工作的热忱和顽强。

这样的困难，在实验科学

的历史中是罕见的。居里夫人的品德力量和热忱，哪怕只有一小部分存在于欧洲的知识分子中间，欧洲就会面临一个比较光明的未来。"爱因斯坦如是说。

这是伟大的科学家对玛丽·居里的评价，也是对她科研精神的充分肯定。如果以事业的成就来衡量玛丽·居里的一生，相信在科学史上难以有女性能与之匹敌。除了她自己两次获得诺贝尔奖，她的大女儿伊雷娜·约里奥－居里也获得过1935年诺贝尔化学奖。

居里夫人曾感慨："17岁时你不漂亮，可以怪罪于母亲没有遗传好的容貌，但是30岁了依然不漂亮，就只能责怪自己，因为在那么漫长的日子里，你没有往生命里注入新的东西。"

这新的东西就是，凭着日积月累而来的学识所得到的智慧，它使女人在岁月的轻霜爬上脸颊后依然风韵犹存，不失典雅的风范。

学识通过读书、经历的积累，已经不仅仅是饱览诗书、通晓古今这样简单，它已内化成一种气质，处世的灵活机巧、思考的面面俱到，成就了她们健康美丽的丰盛人生。

每一个科学家的成就里面都浸满辛勤的汗水，玛丽·居里更是如此。

她从小就精通学业，在16岁中学毕业时由于当时不允许女子入大学，她曾去乡村做家庭教师。

大约做了六七年的教师后，玛丽·居里在父亲和姐姐的帮助下，获得一次到巴黎大学理学院学习的机会。在这里，她以第一名的成绩毕业于物理系。第二年又以第二名的成绩毕业于该校的数学系，并且获得了巴黎大学数学和物理的学士学位。

在巴黎大学理学院，她结识了自己的爱人——皮埃尔·居里，新成立的巴黎市理化学校的实验室主任。当与玛丽相识时，皮埃尔·居里已是一位小有名气的物理学家。对于两个严谨的科学家来说，实验室应该是培养感情的最好温床，于是，一段友谊升华来的爱情在1895年终于修成正果，从此，玛丽·居里被称为居里夫人。

婚后两人将所有的精力投入科学研究中，此时，他们的研究有了一个重大的发现——一种铀盐能自动地放射出一种性质不明的射线。通过进一步的研究，他们发现了新的化学元素——钋和镭。

为了向科学界证实他们的研究成果，他们必须准确测出镭的原子量以作为其存在的证据。于是，他们在一个连搁死尸都不会用的极其简陋的棚屋中，进行了4年不分昼夜的工作。最终，他们从7吨沥青铀矿的炼渣中提炼出0.12克的纯净的氯化镭，并测得镭的原子量为225。在第一次获得诺贝尔奖时，居里夫人的名字差一点儿被忽略，即使被提及也不过是由于丈夫的缘故，而事实上，在她第一次提纯镭的4年漫长生涯中，皮埃尔·居里前两年多一直是在忙自己另外的课题，直到第3年，才加入了她的研究，帮她改进了些许测量仪器，也就是说，这项研究中，皮埃尔·居里更多的是她的合作伙伴和助手。

不管怎样，这样的成绩让他们的生活改善很多，一些荣誉才

接踵而至。法国巴黎大学于 1903 年才授予居里夫人物理学博士学位，1904 年巴黎大学理学院才为皮埃尔开设了讲座。1905 年皮埃尔才被推举为法兰西科学院的院士。他们常常为躲避繁忙的社交活动和频频的记者采访去乡村工作，因为他们始终认为，工作才是他们最大的乐趣。可是，这样的幸福却在皮埃尔去世后戛然而止。

1906 年 4 月 19 日，皮埃尔在参加了一次科学家聚会后，步行回家横穿马路时，被一辆奔驰的载货马车撞倒，当场失去了宝贵的生命。

没有了丈夫的陪伴和支持，玛丽·居里依旧进行着她所钟爱的事业，只是，实验室中忙碌的身影异常孤独。

作为皮埃尔的遗孀，以及一个拥有至高荣誉的科学家，公众认为她应该按照大家期待的样子，一直勤奋并孤独终老。

但是玛丽·居里却不能忽视自己作为一个女人的情感需求，只是，她将感情寄托给了一个并不勇敢的男人。

也就是这一次的感情经历，让玛丽·居里在流言蜚语中无比勇敢。

他叫保罗·朗之万，曾是皮埃尔的学生，他自然要比玛丽·居里年轻，这个年轻的男人无比欣赏这位智慧的女性，并逐渐将这份欣赏演变为爱慕。朗之万作为物理学家同玛丽·居里有共同的兴趣，这是他在妻子那里无法获得的共鸣。朗之万的妻子是一位无知且粗鲁的妇人，不但不能理解物理学工作的伟大，反而几次劝说丈夫辞去当时的科研工作去寻找薪水更为丰厚的职业，甚至，在争吵中，用花瓶打中丈夫的头。当朗之万将头上的伤口给玛丽·居里看时，他可能已经将玛丽·居里看作一位对自己非常重要的人，至少比自己的妻子更值得亲近。

两人渐渐由相互的钦慕而逐渐演变成爱情，也许是朗之万在粗鲁的妻子以及不近情理的岳父母造成的阴影下的委屈让玛丽·居里更觉得自己有必要帮助他摆脱不幸。

玛丽曾对友人说："他本是个天才！我们一定得救救他。他很软弱……他需要了解，需要温柔与热情。"

于是她写信劝说朗之万离开妻子，就是这一封封言辞诚恳的信件，成了朗之万妻子飞扬跋扈的资本。

她找来记者，于是第二天的报纸头版上刊登了一则两栏的新闻，标题是：爱情故事——居里夫人与郎之万教授。文章开头说："镭之火神秘地温暖了周遭的每一个人，更点燃了不屈不挠研究其特性的科学家心中的火焰。至于其中一位科学家的妻子儿女则以泪洗面。"

这份报纸在法国的 1911 年 11 月 4 日这一天，销量共 75 万份，舆论一边倒地支持朗之万的妻子。

新闻记者为了报纸的销量自然将整件事情无限放大，甚至引导公众错误地认为这是一场波兰女人同法国女人的战争。在法国，玛丽·居里深陷舆论的旋涡，各种骂声随处可闻，各种诋毁随处可见，她变成了"荡妇"，在法国人的眼中，她不再是拥有杰出贡献的科学家，一股夹杂着无知与激愤的风暴，开始席卷巴黎。

他们不去了解朗之万妻子到底需不需要同情，也不去了解同情的底线与爱情的价值，当时的巴黎人只是需要一个荡妇来显示自己的道德和忠贞，来显示自己是社会的大多数和领导者。

他们盲目去捍卫道德的底线，却不知道他们无非是通过制造这样一个"不够道德"的符号来消除自己的恐惧和焦虑。

声讨以及谩骂捍卫住了婚姻。

懦弱的朗之万很快回到了妻子身边，他的妻子宁愿默认丈夫同其助手的暧昧关系，也不肯成全玛丽·居里——也许，能撼动她的婚姻的也就只有玛丽·居里。她守住的不是爱情，而仅仅是婚姻这样的躯壳。

在这场感情风波中，舆论对朗之万的妻子同情，对朗之万也极为宽容，对玛丽·居里却苛刻无比，甚至要将她驱逐出境。

她最难过的是，有人称，她玷辱了皮埃尔给他的姓氏。公众认为，这个女人恐怕以后就要销声匿迹，因为这符合公众的期待。

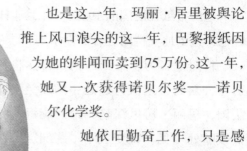

也是这一年，玛丽·居里被舆论推上风口浪尖的这一年，巴黎报纸因为她的绯闻而卖到75万份。这一年，她又一次获得诺贝尔奖——诺贝尔化学奖。

她依旧勤奋工作，只是感情不再有任何人可以寄托。

晚年的时候，玛丽这样评价自己和保罗的这段感情："爱情曾经像镭之光照耀过我的生命，尽管它的放射性几乎摧毁了我的人生，但我不后悔。"

也许就是这样的无悔让她能够在重重压力之下依旧无比坚定。

玛丽·居里一生获得各种奖金10次，各种奖章16枚，各种名誉头衔117个。曾经一位朋友来她家做客，看见她的小女儿正在玩英国皇家学会刚刚颁发给她的金质奖章，于是惊讶地说："居里夫人，得到一枚英国皇家学会的奖章，是极高的荣誉，你怎么能给孩子玩呢？"居里夫人笑了笑说："我是想让孩子从小就知道，荣誉就像玩具，只能玩玩而已，绝不能看得太重，否则就将一事无成。"

爱因斯坦说过："在所有的世界著名人物当中，玛丽·居里是唯一没有被盛名宠坏的人。"

其实，她也是一位没有被骂名毁灭的人。

也许，这就是人们所说的一种高贵的品质——宠辱不惊。这是一次稳固自我价值感的修炼，简单地说，就是一个自信的人，坚定地认为，我的价值不需要别人的肯定，也不会因外力的压力改变自我的认知。我就是我，从不迷失。

不因为众人的称赞就认为自己更优秀，也不因为别人的诋毁而失去自我，对于自我价值感不建立在别人的积极或消极的反馈之上，才是一个不浪费精力而因此有效率的人生。

这应该就是玛丽·居里取得如此大的科学成就的缘故。

如果她每天在沾沾自喜或是愤怒不平中度过，她怎么有时间去进行繁重的科学实验？

她甚至在同朗之万不愉快的感情关系结束几年之后，同意了他一个有些不近情理的请求。朗之万和自己的助手有了私生子，他请居里夫人为这个助手在她的实验室里安排个位置，居里夫人答应了，仅仅是出于一个朋友的好心。

当你感动于玛丽·居里的勤奋以及她对于人类伟大的贡献，更应受教于她高贵的灵魂以及稳固的自我价值人格。

她安静地在自己的世界忙碌，这份她极为看重、喜欢的事业带给她荣誉，她极为看重的感情带给她诋毁，她却从不在别人的肯定、褒奖、谩骂诋毁中提升或迷失，恰恰就证明了她本身的价值。

所以，建立稳固的价值十分重要。别再到处索要肯定，去四处"筹借"信心，与其每天惶恐于别人忽好忽坏的评价，不如踏踏实实地做好自己。

玛丽·居里说，如果能随理想而生活，本着正直自由的精神、勇敢直前的毅力、诚实不自欺的思想而行，一定能臻于至美至善的境地。

很多年后，玛丽的外孙女伊莲娜·约里奥 - 居里和朗之万的孙子迈克尔·朗之万结婚，并孕育了子女。

不知道那时的报纸会怎么写。

❧❧❧ 静思小语 ❧❧❧

别再到处索要肯定，去四处"筹借"信心，与其每天惶恐于别人忽好忽坏的评价，不如踏踏实实地做好自己。不因为众人的称赞就认为自己更优秀，也不因为别人的诋毁而失去自我，对于自我价值感不建立在别人的积极或消极的态度之上，才是一个不浪费精力而有效率的人生。

海伦·凯勒：唤醒生命的内在活力

　　她是一位有严重残疾的人，却也是一位伟大的教育家和社会活动家；

　　她被马克·吐温称为19世纪可以同拿破仑并称的奇人；

　　她是美国总统罗斯福的偶像，罗斯福曾说："任何事情，海伦·凯勒赞成，我就赞成。"

　　她曾被《时代周刊》评选为"20世纪美国十大偶像"之一；

　　她最大的成就，也许是因为她能唤醒生命的内在活力，让人感觉到生命的非凡。

　　海伦·凯勒的故事应该是课本中最励志的事例，她的《假如给我三天光明》曾照亮无数脆弱的灵魂。

　　在海伦漫长的88岁生涯中，不到2岁时的一场疾病就夺走了她的视觉和听觉，她从此进入了一个永久黑暗与寂静的世界。如果不曾感觉世界的美好，这生命得有多么漫长。

不过海伦是幸运的，她有不曾放弃自己的父母，和一位耐心善良的老师。

当发现海伦看不见也听不见时，她的父母并没有就此放弃对她的治疗，他们找过很多医生，但是很多帮助聋哑儿童的医生却因为海伦无法看见东西而束手无策。电话的发明者亚历山大·贝尔曾经试图帮助海伦，但是，他的"可视语音"教学法对海伦来讲毫无用处，海伦的父母只得继续寻找。在波士顿南郊的帕金斯盲人学校，海伦暂时安顿了下来。在这里，她遇到安妮·沙利文，这个改变她命运的重要人物。从此，安妮与海伦亦师亦友，两人的亲密关系维持了 49 年，直到安妮去世。

虽然开始海伦并不适应学校的生活，而且学校的学习对她来讲有太多的困难和挫折，但每一次遇到困难想要退缩，都有安妮不厌其烦地鼓励和教导，这让海伦逐渐树立信心。她要学习发声，这是她能够同世界交流的基础，为此，海伦要用触觉来领会发音时喉咙的颤动和嘴的运动，这极其艰难，有时为发一个音一练就是几个小时。她用顽强的毅力进行着最基本的学习，并取得了惊人的成绩。所以，不断进步的海伦有机会进行更进一步的学习。

1894 年夏天，14 岁的海伦出席了美国聋人语言教学促进会，并被安排到纽约赫马森聋人学校上学，学习数学、自然、法语、德语。

同时学习这几门课程，对于一个正常人来讲都有很大的难度，但是海伦却很好地完成了学习任务。

没过几个月，她便可以自如地用德语交谈；不到一年，她便读完了德文作品《威廉·泰尔》。教法语的教师不懂手语字母，不得不进行口授；尽管这样，海伦还是很快掌握了法语，并把小说《被强迫的医生》读了两遍。

没人知道海伦要为此花费多少精力，牺牲多少休息时间，她迫切地掌握这些知识，因为她知道这些语言工具可以让她对这个世界有更深刻的了解。她飞速进步，不断深造，20 岁时，海伦被位于马萨诸塞州剑桥的拉德克利夫学院录取，24 岁时从拉德克利夫学院毕业，成为第一位获取学士学位的盲人、聋哑人学生。

一个失去视觉和听觉的女孩 24 岁时所完成的学业已经可以让她终身受用了，她可以自己去阅读去写作，她可以感受到世界的美好，甚至比一般人还要敏感，因为她对这个世界有太多的好奇。马不停蹄地学习了应该学习的一切，人们本以为这个姑娘该安安稳稳地享受人生时，海伦却更加忙碌。

她急于为盲人事业做出贡献。她到美国各地，到欧洲、亚洲发表演说，为盲人、聋哑人筹集资金，她要尽自己的全力去帮助那些需要帮助的人。因为她的演讲，使很多残疾人士重拾信心找到自信。1959 年联合国发起"海伦·凯勒"世界运动。因为她全心全意为聋盲人的教育和福利事业贡献一生，曾受到许多国家的政府、人民和高等院校的赞扬和嘉奖。

除了演讲，海伦还善于写作，她的文字鼓舞人心，她出版了《乐观》《走向光明》《我的生活》等 14 部著作。有的被译成 50 余种文字，阅读她的文字，你会感觉到生命的可贵和美好。

在《享受生活》中，海伦写道："有时候，当我孤独地坐着等待着生命大门关闭时，一种与世隔绝的感觉就会像冷雾一样笼罩着我。远处有光明、音乐和友谊，但我进不去，命运之神无情地挡住了大门。我真想义正词严地提出抗议，因为我的心仍然充满了热情。但是那些酸楚而无益的话语流溢在唇边，欲言又止，犹如泪水往肚里流，沉默浸透了我的灵魂。然后，希望之神微笑着走来对我轻轻耳语说：'忘我就是快乐。'因而我要把别人眼睛所看见的光明当作我的太阳，别人耳朵所听见的音乐当作我的乐曲，别人嘴角的微笑当作我的快乐。"

她向人们展示了一个不屈的生命对一种既完整又充满诗意的人生的渴望和追求。

对于我们常人来说微不足道而又不值一提的事物却是她渴望看到的，你也许无视路上美丽的风景，她却可以通过树枝感觉小鸟在音律丰满的歌声中跳跃。

有生命就有爱，有爱就有美丽的人生。对这个美丽的世界充满爱意，是一切奇迹出现的前提。爱是生命的精神支柱，生命因爱而伟大崇高。海伦·凯勒唤起我们生
的愿望，时刻提醒着我们生命的美好。

"让每一种感官都发挥它最大的作
用，为世界通过大自然提供的各种接触
的途径向你展示的多种多样的欢乐和美
的享受而自豪吧。"

身体健康的你有什么理由不去感受
生命的美好？

梅特林克夫人说："海伦·凯勒是
一个让我们自豪与羞愧的名字，她应该
永世流传，以对我们的生命给予最必要的提醒。"

海伦最大的奢望只不过区区三天的光明，一天用来感恩，一
天用来求知，一天用来享受日常的生活。那篇风行全美的优美散
文充满着生命的不屈、执着和达观，其本身就是与灾难的抗争。
她的"三天"囊括了人生太多的价值。

海伦是善良和快乐的化身，至于罪恶、不洁、恶毒、邪恶、
卑贱、堕落，则与她毫不相干。她就像山谷里的百合花一样纯洁，
像天空中的小鸟，像田野里的羊羔一样单纯、快乐。

世界上没有真正的黑暗，只有晦昧的眼睛。每一个生命，都
有它的内在活力，能够顽强乐观地面对困境，是我们的本能，只
要我们唤醒内在的生命活力，勇敢面对人生中的困境与挑战，自
强不息，就能够创造生命的奇迹。好比在千年阴暗的深谷中，照
进一束阳光，就能驱散深谷的阴暗。这束阳光，就是我们内在的

潜力。

　　而海伦就是用自己的经历让我们看到人类无穷的潜力。

　　1968 年海伦在睡梦中安详地去世，走完了她的一生。

　　每年的 6 月 27 日是"海伦·凯勒日"，这一天也是海伦·凯勒的诞生日。即使她已经远离这个世界，但是，因为有她，我们懂得爱、勇气、珍惜……也更懂得，作为一个健全人的幸运，也因此更加珍惜每一天。

∽∽∽ 静思小语 ∽∽∽

　　世界上没有真正的黑暗，只有晦昧的眼睛。只要我们唤醒内在的生命活力，勇敢面对人生中的困境与挑战，自强不息，就能够创造生命的奇迹。好比在千年阴暗的深谷中，照进一束阳光，就能驱散深谷的阴暗。这束阳光，就是我们内在的潜力。

弗洛伦斯·南丁格尔：高贵的灵魂，永恒的光亮

她是 19 世纪出类拔萃、被世人敬仰和赞颂的伟大女性；

她出身名门，放弃了优越的生活，从事在当时毫无地位的护士工作；

她是世界上第一个真正的女护士，后人赞誉她为"伤员的天使""提灯女神""提灯天使"；

她开创了医学护理事业，为医学界中重要的护理事业做出了巨大的贡献；

她的半身像被印在 10 英镑纸币的背面，在每年 5 月 12 日的"国际护士节"，人们都要纪念这位伟大的女士。

1820 年 5 月 12 日，弗洛伦斯·南丁格尔在父母旅行欧洲

的途中出生。她的家境富裕，父亲是英国王族，毕业于剑桥大学，有很好的文化修养，精通英、法、德、意四门语言，音乐、绘画以及自然科学、历史和哲学都非常擅长，不管是物质条件还是文化氛围，南丁格尔的生活都十分优越。青年时，她在巴黎大学学习文学、数学、历史、哲学，她不但功课俱佳，音乐和绘画也很有天赋。大学毕业后，她的父母认为，已有相当学识和文学艺术修养的女儿应该在绘画或音乐上继续发展，应该可以有所成就，他们的女儿应该有一个更为安逸的生活，并在高雅华贵的同伴中做一个众人羡慕的窈窕淑女。

可是，南丁格尔对于自己的未来却有不一样的规划。

舞会的喧嚣、沙龙中的周旋，让南丁格尔感觉这样的生活极其无聊，她在日记中这样写道："我想就职、经商，只要是需要的事，什么都可以，那种值得我全力以赴去干的工作，对我来说无论如何是必须的，我一直在寻求它。"

而她最终选择的职业却并未得到家人的认可。

在当时的英国，医院并未像现在这样整洁，那里医疗条件落后，医生和护理人员也并未有如今的社会地位，反倒是因为整日和病人打交道而受到歧视。因为病人意味着细菌、病毒，甚至死亡，所以，没人愿意同这些人有所关联。如果不是地位低下或是特别贫穷的人，没人选择去医院工作，所以，即使来到这里工作，很多人也非常排斥这项工作，因为不得已而为之，自然工作也并不认真，甚至态度非常恶劣，医院的护理人员的名声从而越来越差。

所以，当南丁格尔选择去医院工作时，几乎遭到所有人的反对。

她优越的条件并不需要她迫于生计在那种地方工作，而且，她艺术上的天赋会让她有更有尊严、更体面的职业。如果真去医院工作，她的家人都觉得她会把细菌或病毒带回家！家里每个人都强烈反对，但是南丁格尔却依旧没有放弃自己的决定。

她还记得在她25岁那年秋天发生的一件事情。那一年，她所居住的区域发生了一种传染病，很多人因为感染瘟疫需要治疗和护理，南丁格尔看到医院需要人手，她便同当地的牧师一道，积极地投入了护理病人的工作中。但是在这里，她却亲眼看到一位妇女痛苦地死去，这对她内心触动极大。这位妇女并非死于疾病，而是在治愈后的护理中由于护理人员不具备专业护理知识，送药时出现失误，致使那位妇女因服错药不幸去世。南丁格尔深知护理人员专业性的重要，她更是亲力亲为，要做这个职业的典范。

这不是一时的冲动，对于臭气熏人、污渍斑斑的医院，南丁格尔早已习惯，她不在意，是因为她知道自己行为的价值。

她要做一个不但耐心细心而且专业的护士，并让身边这样的护士越来越多，只有这样，才能真正使更多的病人得到救助。

她想去诊所或是医院学习，但是家人强烈反对，她只能在家自己偷偷地研读医学教材，并写信向专家请教她通过阅读无法解答的问题。她的母亲留给南丁格尔很多家务劳动，希望通过繁忙的事务让女儿早一点儿忘了那个不切实际的想法，但南丁格尔却在给朋友的信中写道："这就是生活吗？难道一个有理智的人，一个愿意有所作为的人，每天想要做的，就是这些吗？"

当理想变作使命，她的态度更加坚决。她的家人知道这并非是一个青年的一时热情，也就不再干涉她的决定。1851年，南丁格尔来到德国弗利德纳牧师主持的一个机构接受护理训练，在这里，她第一次将所学到的理论知识用于实践，即使这里居住环境简陋，但是南丁格尔依旧每天过得十分快乐和充实。她感觉自己离理想越来越近，她的努力、她的探索，也使日后"护士"这门专业越来越趋于完善。

在这里，南丁格尔积累了很多护理知识，1853年她来到巴黎"慈善事业修女会"考察护理组织和设施，学习了很多护理经验。她回到英国，得到慈善委员会的资助，在伦敦哈雷街1号成立了一个护理所，拥有了自己的护理机构，她可以让自己的经验更多地应用于临床。

在她的护理中心，她收留了很多生病的妇女，她主张"任何妇女，不分信仰，不分贫富，只要生病就可收留"。在护理病患时她发现，由于病人体质虚弱，在需要护理人员时凭借呼喊的声音有时并不能叫来护士，于是她创造性地使用拉铃召唤的方式，解决了病人无法及时找来护士的困难。她的护理中心一改之前医院的脏乱以及医护人员的粗鲁，也逐渐得到大家的认可。而南丁格尔的父亲知道，女儿的工作并不会有丰厚的收入回报，为了让女儿生活得舒适一点，父亲决定每年资助她500英镑来改善生活。

不以营利为目的的工作，南丁格尔在护理专业上有了很大提高。很快，她就发挥所长为国家做出了巨大贡献。1851年8月克里米亚战争爆发，在战争中，英国的伤亡惨重，大多数受伤的士兵因为得不到专业的护理而病情加重导致死亡。英国政府因此呼吁医生和护士能够挺身而出，奔赴战场救助伤员。南丁格尔义不容辞，她带领由38名护士组成的医疗队来到前线。

在野战医院，南丁格尔看到无数的伤兵，而伤兵所住的环境极其恶劣，这里老鼠遍地，虱子、臭虫成灾，到处是污秽和垃圾，许多伤员就睡在地板上。由于卫生极差，通风不良，使本来就有伤口的伤兵极易感染细菌和病毒，而事实上，很多伤兵也是因为感染疟疾和痢疾身亡。她迫不及待地想要进入病房帮助医生进行医治，但是，起初医生并未给她这样的机会。基于传统认识，女护理人员常常被歧视。于是，南丁格尔带着自己的护理队索性首先清理医院，她们每天工作近20个小时，尽快使医院达到卫生标准。很快，医院的环境就焕然一新，为了添置更加卫生和先进的医疗设备，南丁格尔拿出自己的3万英镑来改善伤员的生活环境和营养条件。终于，医生被她打动，她开始同医生并肩作战，共同救死扶伤。

她细心地照顾士兵，用最专业的护理来挽救垂死的病人。这里有无数的病人通过医治全面康复，伤员死亡率也由原来的40%下降到2%，南丁格尔的贡献有目共睹。她号召护理队伍每晚巡视，她常常提着风灯巡视病房，即使白天巨大的工作量已经让她疲惫不堪，她仍坚持这项制度，她认为，这不但有利于观察病人的病情变化，对于当时的伤员来讲，他们的情绪也能得到安抚，因为他们知道，自己的生命并未被放弃，也因此感受到关怀所带来的温暖。

曾经有伤病员写道："灯光摇曳着飘过来了，寒夜似乎也充满了温暖……我们几百个伤员躺在那儿，当她来临时，我们挣扎着亲吻她那浮动在墙壁上的修长身影，然后再满足地躺到枕头上。"

这样的描述，后来被人们称为"壁影之吻"。

这样温馨的场景让无数人为之动容，人们感受到的是一个善良的灵魂对于伤痛的抚慰。南丁格尔手提油灯，夜夜穿梭于崎岖小路，她用摇曳的灯光为伤员照亮康复之路，她得到的感谢和尊重让她有更大的勇气去完成自己的使命。

士兵们亲切地称南丁格尔为"提灯女神""克里米亚的天使"。

当1856年11月作为最后的撤离人员返回英国时，她受到了国内公众的高度赞扬。英国准备了隆重的欢迎仪式，迎接这位"克里米亚的天使"。她奇迹般的护理效果，让民众感到不可思议，同时，人们也对护士工作的重要性有了新的认识。

1860年，她用公众捐助的南丁格尔基金在伦敦泰晤士河边的圣·托马斯医院创办了"南丁格尔学校"，世界上第一所正式的护士学校由此诞生。她培养了很多优秀专业的护士，而这里面的大多数护士都被欧美等国聘请来创办本国护士职业学校。从此，南丁格尔开创的护理学校开始在全世界推广，也曾使无数国家受益。

1907年，英国国王颁发敕令，授予南丁格尔一枚功绩勋章。她成为英国历史上第一位接受这一殊荣的妇女。

1910年8月13日，90岁的南丁格尔在安静的睡眠中离世。

现如今，无数的医护人员以能够得到南丁格尔奖章为自己工作的最大梦想。而世人为了纪念南丁格尔的贡献，将她的生日——5月12日定为国际护士节。南丁格尔曾经的誓言成为护士的座右铭："勿为有损之事，勿取服或故用有害之药。尽力提高护理之标准，慎守病人家务及秘密。竭诚协助医生之诊治，务谋病者之福利。"

于是，当一个个白衣天使静静地守候在生命的荒林，她们耐心地面对痛苦和呻吟却丝毫没有抱怨，她们专心致志地忙于自己的工作。同她们舞动的白衣共存的，就是南丁格尔传承下来的不灭的生命赞曲。

静思小语

南丁格尔将博大的爱心献给了千百万病人和受伤的士兵，她看重的是病人康复时幸福的笑容和感激的目光，她使护士变作天使，她传承下来的不灭的生命赞曲鼓舞每一个医护人员发扬救死扶伤的传统，人们必须向她致敬，因为她的善良和伟大。

成长，
永远是自己最重要的事

玛丽莲·梦露：安全感，只来自自己的内心

她的金发、碧眼、红唇，以及被风吹起的白色裙子，是世人心中永恒的印记；

她童年不幸，年幼时曾在养父母、亲生母亲、监护人中辗转流离；

她做过普通的平民女工，也把握住成为性感女神的机会，她知道成名的代价；

她在纸醉金迷的好莱坞，除了烟酒、药物，书籍也曾是她灵魂的寄托；

她渴望幸福，爱情却兜兜转转；

她备受众人追捧却孤独至极；

她动人的表演风格和正值盛年的陨落，让她成为影迷心中永远的性感女神。

1951年，25岁的梦露曾写下的这句话："一个人！我总是一个人！不管怎样我总是一个人！"

在本应无暇忧愁的年纪，梦露的独白却有一种深入骨髓的孤独。

这种孤独也许最早来自她不幸的童年。

梦露出生时，她的母亲正濒临生活的绝境。她是母亲的第三个孩子，而梦露的两个姐姐被他的父亲带走，她的父亲还给她的母亲留下措辞十分生硬的便条："我把孩子们带走了，你永远也

找不到她们了。"

很显然，这是一次不太愉快的分手。她的母亲受到了家族的精神病史的遗传，没有办法照顾女儿，梦露从小就被寄养别处，同她的养父母生活9年后，她曾被送到孤儿院，后来又被母亲的好友收养，到了16岁时，养父母要前往弗吉尼亚州生活，他们准备放弃梦露。如果没有更好的去处，梦露只能回到孤儿院。

这时的梦露有一个正在交往的男朋友，对于当时的她来讲，结婚似乎是最好的选择。于是，在16岁时，梦露嫁给了大她5岁的多尔蒂。也许这次的婚姻是出于无奈，可是，这也让她不再居无定所，与无休止地被驱遣的命运相比，稳定的生活是她最迫切的需求。婚后不久，她的丈夫应征入伍参加"二战"，梦露在洛杉矶附近的一家军用飞机工厂找到一份检查降落伞质量的工作。作为一个普通女工，她的工作乏味而枯燥。

随着"二战"宣告结束，美国迎来消费主义和性解放的年代，好莱坞也需要新一代的明星。而梦露之前曾向往模特职业，她曾拍摄了一组与飞机工作有关的照片，并深受好评，这给了她信心和勇气。她开始关注好莱坞的一切，并渴望有机会可以创造属于自己的传奇。她的丈夫并不支持她的梦想，甚至要求她在事业与家庭中必须做出选择。1946年，20岁的梦露选择同丈夫结束 4 年的婚姻，此时她踌躇满志，她的电影梦也正式起航。

在一次试镜中，她赢得了 20 世纪福克斯电影公司高层人物的肯定及为期 6 个月的工作合同。这对梦露来说是个不错的开始，可这仅仅是一个不错的开始，影视道路的发展并非她想象的一帆风顺。但是，梦露却一直在努力。她曾经说过："我注定要为我的性感付出很多，因为这是我自己选择的生存方式。"

梦露迎合当时大众的审美标准，注重形象，她常常练习性感的微笑，每看完一场电影，她都会在房间中对着镜子模仿，包括肢体动作、面部表情等。每次都是坚持到模仿到位才会停止。好运总是光顾有奋斗心的人，1947 年玛丽莲·梦露终于以《危险的年代》一炮而红银幕，随后的《尼亚加拉》《如何嫁给百万富翁》和《绅士爱金发美人》三部电影大获成功，梦露性感的金发形象深入人心。

事业上收获成就的梦露此刻依旧孤独，也许追逐梦想时的忙碌让她暂时忘却孤独的恐惧，可是当她写下"一个人！我总是一个人！不管怎样我总是一个人"时的落寞依旧让人心疼。她的孤独需要出口，于是，有了她的第二段婚姻。

1952 年，在一家意大利餐厅，梦露和她的第二任丈夫迪马吉奥相识。迪马吉奥是美国棒球史上的传奇人物，他认识梦露后便苦苦追求。有过一次婚姻的梦露自然能够分辨出真情与假意，迪马吉奥对她的感情之深厚让不安的梦露非常踏实。的确，在梦露的一生，也许就只有迪马吉奥是最爱她的人。只是他的爱有些极端，他的爱极其自私，他将梦露当成私产，他不能忍受梦露在工作中的表现，即使那不过是逢场作戏，他也将嫉妒的情绪不合理地释放——对梦露屡次家暴。这样扭曲的爱让梦露的精神和肉体都受到伤害，这段梦露寄予厚望的婚姻仅仅维持了 9 个月便无疾而终。迪马吉奥在离婚后感到很痛苦，直到梦露去世前，他都一直以自己的方式支持梦露，并不时谋求复合。迪马吉奥从未再婚，他在 1999 年去世，说的最后一句话是："我终于要见到玛丽莲了。"

经历了第二次失败的婚姻后，梦露只能再次将重心转移到事业上来。1955 年，玛丽莲·梦露同好友成立了电影制片公司，这不但能让自己有更多更自由的拍摄选择，从物质上来讲，也可以获得更多的经济收入。电影公司成立时，她的老东家 20 世纪福克斯电影公司的老板非常轻视梦露的选择，他曾满不在乎地说："随她去吧，一个草包美人还能威胁到我的公司？真是笑话。"

于是梦露用她的努力瓦解了所有的歧视，经过一年的努力，以性感巨星形象出现的梦露成为好莱坞最抢手的女演员。

荧幕中的梦露总是性感得令人垂涎欲滴，却又笨拙得惹人怜爱。

人们总是将荧幕形象同明星本人画上等号，所以，很少有人关注她的思想与灵魂。她说："好莱坞是这样一个地方：人们愿意花 1000 美元向你索吻，也不愿意为灵魂的相交花分文。"

在纸醉金迷的好莱坞，玛丽莲·梦露有着一个与她外表完全不符的寄托：书籍。

她喜欢阅读，她有满架的图书，并总是认真地阅读。她在阅读时的表情，总是严肃而认真，她有长长的书单，她喜欢读惠特曼，她读《尤利西斯》——她甚至读完了《尤利西斯》，读书成为她最好的学习方式。源自于对文学的喜爱，她选择与剧作家阿瑟·米勒开始了她的第三段婚姻。

对文学的热爱，对知识分子的倾慕，让她认为这一次的婚姻应该是美好的，她在结婚照上写下：希望、希望、希望。

这应该是梦露最看重的一段感情，梦露帮助阿瑟·米勒支付其前妻的赡养费，动用自己公司的资金为米勒在英国购买了一辆捷豹汽车，甚至为融入阿瑟·米勒的世界改信犹太教。

然而，希望越大，失望越大。

阿瑟·米勒认为自己在成为梦露的跟班，无法进行有价值的创作，他以文学家的敏感质疑他与梦露之间的关系。敏感的梦露也意识到两人的距离，她想要生孩子来维系这段婚姻，却一再流产，她预感到米勒的疏远，也再一次感觉到将被抛弃的绝望，她开始借助酒精和毒品来缓解情绪和压力，而这些最终让她的婚姻彻底破灭。

离婚后的梦露神经严重衰弱，曾进精神病院做短期治疗，她的体重骤然下降，人们常看到她在很多场合力不从心。甚至在一次颁奖典礼上，她也因为酗酒而有些失态。

这个时代的宠儿并未引起公众的过分担心，因为，她也会在心情不错时依旧光彩照人，她曾风情万种地为 J.F. 肯尼迪总统庆生，在祝寿的庆典上，玛丽莲·梦露唱了那一首著名的"生日快乐"，也因此，有关玛丽莲·梦露和肯尼迪总统的绯闻广为流传。

在梦露 36 岁生日时，她还拍下一组生平极有魅力的照片，照片中，她丰腴如初，风韵依然。

然而两个月后，洛杉矶西区警察局接到报警，玛丽莲·梦露被发现死在家中的床上，赤身裸体，手里拿着电话，法医查出死因是过度服用安眠药。

就这样，曾经鲜活的生命戛然而止，她的美貌与性感在时间里凝固，36 岁的梦露永远不用老去，她的生命永远地停留在这里。

关于她的死因，众说纷纭，至今没有定论，也许这将是永远的秘密。

人们已经习惯消费她的性感，却无人懂得她的孤独。

她曾在日记中写道："缺乏持久的爱和关照，结果是对世界的不信任和恐惧。这是毫无益处的，最多告诉我年轻人、病人和弱者的基本需求是什么。"

她从未忘记早年的贫寒经历和居无定所带来的随时将被抛弃

的恐惧。

她曾对克拉克·盖博说，她不知道自己的父亲是谁，当心中需要这样的角色，她便将荧幕中的他看作自己的父亲，她说：你是我的"秘密父亲"。而盖博闻听此言，先是露出微笑，继而潸然泪下。

她拥有最为喧嚣的掌声，却永远不能驱走心中的黑暗及孤独，她永远是一个孤儿，一个已被抛弃和随时等待被抛弃的弱者。

所以，她才要神经质地不断去寻找更牢靠的男人，为自己求得片刻的稳定感。她不断走向虚荣与繁华，不断寻求虚幻的荣耀，她得到金钱与名声，却还是找不到快乐。

也许，安全感从来不是来自外部的世界，从没有从内心深处信任自己能够掌控自己命运的信心，才是她最大的恐惧来源。建立对于未知的信心，信任自己有让自己幸福的能力，才是生命的关键。

梦露找到爱，追求爱，每一次却总是惨淡收场。但是这并不妨碍她成为每个男人的梦想，她明艳的笑容依旧会出现在男人的梦中。

❧❧❧ 静思小语 ❧❧❧

安全感从来不是来自外部的世界，从没有从内心深处信任自己能够掌控自己命运的信心，才是最大的恐惧来源。建立对于未知的信心，信任自己有让自己幸福的能力，才是生命的关键。

弗吉尼亚·伍尔芙：拥有平等爱人的能力

她是意识流作家，在两次世界大战期间是伦敦文学界的核心人物；

她是现代主义与女性主义的先锋，曾被誉为"20 世纪现代主义与女性主义的先锋"；

她是无性主义者，却有一个体贴入微的丈夫，心甘情愿地同她度过了 29 年的无性婚姻生活；

她时常触探生命的哲理，甚至不惜结束生命来换取自我的完整性。

认识伍尔芙，是因为读了她享誉世界的文学著作《到灯塔去》。而这本书也大致以自己的家庭为背景，拉姆齐夫妇的原型即是她的父母亲。

　　《到灯塔去》讲的故事并不复杂，拉姆齐一家和几个客人在小岛海滨别墅里寻常的一天——他们计划第二天到灯塔去，但却由于天气不好而未能如愿。大战爆发，拉姆齐夫人辞世，女儿普鲁难产早逝，儿子安德鲁战死，战后拉姆齐先生携带一双儿女乘舟出海，终于到达灯塔。

　　他们所向往的前方明亮的灯塔，就像生命中的梦想、希望。孤岛上灯塔的光亮越过黑暗的海水射向对岸，照亮了人的心灵。而书中的莉丽·布里斯科正是她自己的化身，于是，从这里，你能看到一个最为真实的伍尔芙。

　　她认为爱情宛如壮丽的火焰，但因为必须以放弃个性的"珍宝"为代价，因此视婚姻为"丧失自我身份的灾难"。

　　对于爱情和婚姻的悲观大概是源于她不太美好的少女时期经历。

　　1882 年 1 月 25 日，伍尔芙出生于英国伦敦，她的父亲莱斯利·斯蒂芬爵士是维多利亚时代出身于剑桥的著名文学评论家、学者和传记家。父母亲在结婚前都曾有过一次婚姻，父母结合后又生下四个孩子。伍尔芙在她少女时期曾遭受同父异母兄长的侵犯，这让她对于性极度厌恶，甚至弃绝。

1895 年 5 月，伍尔芙的母亲去世，这让伍尔芙精神崩溃。1904 年 2 月，父亲去世。5 月，伍尔芙第二次精神崩溃，并试图跳窗自杀。两次亲人的离去给她的精神带来巨大的创伤，也成为她精神疾病无法治愈的根源。1905 年，伍尔芙开始以写作为职业。她曾在《卫报》《时代文学增刊》上多次发表文章。

她对文学有着自己的见解，在自己的读书心得中说，作为一个读者，独立性是最重要的品质。如果把那些衣冠楚楚的权威学者请进图书馆，让他们告诉我们该读什么书，那就等于在摧毁自由精神。她以自己的方式写作，而不是遵循什么文学传统，她致力于捕捉瞬间印象，在小说中尝试意识流的写作方法，试图去描绘在人们心底里的潜意识。也因此，她在文学上的成就和创造性至今仍然产生很大的影响。伍尔芙把艺术看得高于一切。她在《奥兰多》中说：即使秘鲁的所有金矿，也无法为她买来一行优美的诗句。她曾是著名的布卢姆斯伯里团体的一员。这个团体是一个文艺和学术的中心，当时文化界的大批精英都云集于此，包括哲学家罗素、诗人 T.S. 艾略特、文学批评家德斯蒙德·麦卡锡、经济学家约翰·梅纳德·凯恩斯、画家邓肯·格兰特、作家福斯特等。伍尔芙与这样一批知识精英切磋文学和艺术，智慧、自由平等的精神灌输到她的心灵深处。这时，伍尔芙还有一个有意思的称呼："高雅的文学势利眼。"她欢迎那些拥有超凡智慧和独到见解的才子才女，却不能忍受那些附庸风雅的平庸者，伍尔芙常常不留情面地讥讽，用毒舌与冷眼将他们拒之门外。

在布卢姆斯伯里，伍尔芙认识了她的丈夫伦纳德。伦纳德毕业于剑桥大学，饶有文才，但是在人才济济的布卢姆斯伯旦却并不出众，同伍尔芙的结合一度让人替这位才华出众的女人惋惜，甚至有人并不认为他们会幸福。可事实上，选择伦纳德，成了伍尔芙最正确的选择。

在认识伦纳德之前，伍尔芙曾与利顿·斯特雷奇订婚，但最终两人都没有勇气面对婚姻。毕竟，同伍尔芙一同生活需要勇气。

可当伦纳德同伍尔芙相处一段时间后，他极其欣赏倾慕伍尔芙的娴雅风度和超凡智慧，他鼓起勇气向伍尔芙求婚，他在求婚信中诚恳无比："我自私、嫉妒、残酷、好色、爱说谎而且或许更糟糕。因此，我曾告诫自己永远不要结婚。这主要是因为，我想，我觉得和一个不如我的女人在一起，我无法控制我的这些恶习……你是多么聪明、美丽、坦率。此外，我们毕竟都喜欢对方，我们喜欢同样的东西和同样的人物，我们都很有才气，最重要的还有我们所共同理解的那种真实，而这对于我们来说，是很重要的。"

对于伍尔芙来讲，走进婚姻绝对需要勇气，但是她被伦纳德的诚意打动，1912年，两人结婚。伍尔芙才华非凡，却不等于她是一个合格的家庭主妇，而事实上，她在照顾家庭方面能做的少之甚少。伦纳德却并不在意，他宽容这位迷糊的妻子做饭时把婚戒丢在猪油里，也不在意她在参加舞会时把衬裙穿反。他甚至迁就伍尔芙因其极度厌恶性，心甘情愿地度过了29年的无性婚姻生活。更为艰巨的任务是，他必须细心地照料着时刻处于疯癫阴影下的妻子。伍尔芙常常在完成自己的作品后病情都会受到影响，她的神经极为脆弱和敏感，她无法客观地听取别人对她作品的评价，除伦纳德之外。伦纳德是唯一可以评价她的作品而不会引起她不安的人。在伦纳德的照顾下，伍尔芙完成了一部部精彩的小说，也迎来了文学生命的全面绽放。1930年，伍尔芙告诉一位朋友，没有伦纳德，她可能早就开枪自杀了。伍尔芙发病时，常常情绪激动，无法自控，是伦纳德一次次轻轻用手按住伍尔芙激动的肩膀，伍尔芙无条件地把自己交托到他手中的神情，也近乎神圣。他们的爱情被称为20世纪最伟大的感情。丝毫不计较尘世的算计，并可以包容其所有的不完美，伦纳德迷恋宠爱了她29年。他用自己的爱情标准践行一生：爱己所爱，无论对方的生理性别或其他种种。

1941年3月28日，59岁的伍尔芙最终无法忍受精神疾病的折磨，她在口袋中装满石子，然后一步步走向河流深处。

自杀前，她在留给丈夫的遗书中写道：

最亲爱的：

我感到我一定又要发狂了。我觉得我们无法再一次经受那种可怕的时刻。而且这一次我也不会再痊愈。我开始听见种种幻声，我的心神无法集中。因此我就要采取那种看来算是最恰当的行动。你已给予我最大可能的幸福，你在每一个方面都做到了任何人所能做到的一切。我相信，在这种可怕的疾病来临之前，没有哪两个人能像我们这样幸福。我无力再奋斗下去了。我知道我是在糟蹋你的生命；没有我，你才能工作。我知道，事情就是如此。你看，我连这张字条也写不好。我也不能看书。我要说的是，我生活中的全部幸福都归功于你。你对我一直十分耐心，你的善良难以置信。这一点，我要说——人人也都知道。假如还有任何人能挽救我，那也只有你了。现在，一切都离我而去，剩下的只有确信你的善良。我不能再继续糟蹋你的生命。

我相信，再没有哪两个人像我们在一起时这样幸福。

伍尔芙不愿因为照顾自己拖累伦纳德，这是她能选择的爱伦纳德的唯一方式。

找到伍尔芙的遗体后，伦纳德举办了只有他一人参加的葬礼，他默默将伍尔芙的骨灰葬在了家中一棵树下，他将伍尔芙的小说《波浪》的尾声作为妻子的墓志铭。

"死亡，即使我置身于你的怀抱，我也不会屈服，不受宰制。"

这是他了解的伍尔芙，也是他所希望的伍尔芙。

他希望伍尔芙伟大的灵魂能够最终获得安宁。

成年后流露出的同性恋倾向、严重的精神疾病、同丈夫的柏拉图式爱情以及极高的文学和思想成就成了伍尔芙的标签。

她宣扬女性独特的价值，她说，女人要有一间属于自己的小屋，一笔属于自己的薪金，才能真正拥有创作的自由。

女性可以同男性一样去

追求灵魂的自由，而谋生的自由和灵魂的自由对于女性来说十分重要。

拥有谋生能力，才有不将婚姻当作谋生手段的资本，才可以去谈论爱情。眼中紧盯所谓的物质基础，并要求对方给予自己安全感，并要求自己对于家庭的付出男人要同样地回报，不能摆脱对男人的依附，不能拥有对爱人无功利付出的意识，就不该奢望爱情。爱情应该是心甘情愿地付出关心，付出爱护，表达欣赏，表达尊重，而不是索取关心和道德绑架。

而要拥有平等爱人的能力，就必须拥有一个自由的灵魂。

❧❧❧ 静思小语 ❧❧❧

还有什么比心灵的自由，更值得我们追求？一个心灵自由的人可以享受生命的美好，而不是为获得所谓的安全感被迫付出，心灵的自由会带来喜悦以及真爱，时时刻刻，将自己打造为一个经济独立、精神独立的女性。

赛珍珠：爱是一种不死的欲望

她是以中文为母语之一的著名美国作家，她也是几乎只以中国为写作题材的外国作家；

她是诺贝尔文学奖的获得者，因为她的见解保持着深刻而温暖的人性；

她所表达的同情可以穿越广阔分隔的种族边界；

她的婚姻不尽人意，一路跌跌撞撞，却不曾放弃寻找爱情。

赛珍珠在出生三个月后就被父母带到了中国。她的父亲和母亲都是美国人，父亲赛兆祥是个狂热的传教士，他热衷传教，携带家人近乎流浪般四处宣讲福音，也因此一直忽略家庭。她的母亲热情开朗，全力照顾家中子女。赛珍珠长在中国，和中国的小孩成长相似，穿着中式罩衫和布鞋，吃中国食物，唱着中国儿歌，听着中国故事，在中国文化的熏陶下慢慢长大。

当然，当到了读书的年龄，她除了读中国的古典文学，母亲也常常教她英语，并引导她阅读莎士比亚等欧美文学家的作品，她的少年时光充实而美好。

17岁时，家人把她送到美国弗吉尼亚州伦道夫·梅康女子学院学习，在这里她攻读心理学，可是很快，毕业的赛珍珠又回到中国。一方面是因为母亲生病需要照料，而另一方面是因为中国的成长经历让她不能全方位融入美国，她在美国反倒没有在中国感觉舒服。随着年龄的增长，家人催促她成婚，她的适婚对象不多，家里要求是美国人，她不想离开中国，而在华的美国人屈指可数，来不及慢慢相处，赛珍珠就同一位叫约翰·洛辛·布克的农学家确定了婚姻关系。

同布克17年的婚姻生活枯燥而乏味。

赛珍珠的浪漫天性同布克的严谨理性格格不入，而且彼此都坚持自己的个性及爱好，这必然导致两人渐行渐远。而他们的第一个孩子，由于是先天性代谢异常的残疾儿不得不在日后的生活中被人事无巨细地照料。

婚后，布克要去调查位于长江中游的安徽农村的农耕情况。他是农业经济学者，有自己的研究方向，他的研究成果也在他的里程碑式的著作《中国农业经济》中体现，而他的妻子赛珍珠女士一直跟随她的丈夫，她要做她丈夫的翻译，帮助他完成研究。而在这研究中，赛珍珠也有收获，这次农村调查经验让她更多地了解了中国农民，这也成了她创造小说《大地》的基础。布克和赛珍珠专注于自己的领域，虽然他们都来源于一个基础，却从未花费更多的时间来读一读彼此的研究，对于赛珍珠而言，照顾父亲和孩子而产生的社会和心理压力并未得到丈夫的抚慰，她的苦闷无法排解，甚至她写作的爱好也并不被丈夫鼓励，曾有过的对于美好爱情的向往在乏味的婚姻中逐渐破灭，她常常在作品中写出婚姻和情感中女性的紧张与不安，这也许是她当时的心情写照。

1924 年，她邂逅中国诗人徐志摩，从此将一段隐秘的情感悄悄地放于心间，寄托于笔底。

那一年，印度诗哲泰戈尔应梁启超、蔡元培以北京讲学社的名义之邀来华访问。徐志摩作为泰戈尔全程的翻译一直追随左右。当时作为南京一个教会学校英语教师的赛珍珠十分敬仰泰戈尔，在南京的一次欢迎泰戈尔的宴会上，赛珍珠也因此结识了徐志摩。徐志摩才华横溢又浪漫多情，赛珍珠逐渐被他吸引。作为一个已婚女子，纵然对婚姻如何失望，也还是不能全然背叛伴侣，赛珍珠只能将心灵深处的隐秘情感散落在自己的作品中，1925 年，赛珍珠写了短篇小说《一个中国女子的话》，讲了一对异族青年男女的浪漫故事，知情者，仿佛看破其中隐喻。也许这份感情在徐

志摩的眼中微不足道，此时的赛珍珠即使文学颇有造诣却姿色平平。毕竟，这位风流才子的红颜知己个个名声响亮，容貌艳丽。但在赛珍珠的心中，这份仰慕与爱意却足以唤醒被日常生活磨灭掉的激情。作为一个文学家，这份激情弥足珍贵。

后来她又遇到理查德·威尔士，她对爱情又一次燃起希望。这还和她的作品有关。她的小说《大地》最初的名字是《王龙》，在即将出版时，理查德建议将其书名改为《大地》，这样的改动十分重要，也可见理查德对于小说的深刻解读和对文字的高度敏感。他同赛珍珠也有多次的交流，毫无疑问，每一次的沟通都十分愉快，而这对赛珍珠来讲，曾经浪漫狂热的激情被逐渐唤醒，也许，作为一个作家永远不可能对爱情绝望，即使生活如一潭死水，他们依旧可以在风平浪静中默默等候风起的时刻，如春风般和煦的爱情一入眼底，便要抓在手中。

很快，她同布克离婚，并在同一天，嫁给了理查德。一个感受过心灵契合并情感充沛的女人，是不肯再回到乏味枯燥的无爱婚姻中去的。而理查德的确让她的人生从此有了神奇的转变，40岁前，她还只是一个狂热却默默无闻的传教士的女儿，后来变成乏味农学家的妻子，又要照顾患有痴呆症的女儿，即使写作却名不见经传，可有了理查德这位出版界天才的帮助，赛珍珠的才华得到了世人的认同，她在美国的生活开始丰富。物质生活无忧，精神生活充实，赛珍珠同理查德携手走过的 25 年，应该是她最幸福的时光。

理查德先她离开，她不想孤独地默默走完人生最后一程。赛珍珠不断寻求爱情来驱散孤独，这在很大程度上是因为她独特的人生经历。她曾在美国找不到归属感，这里对她来说有异乡的疏离感，可是，她又回不去中国，那里是她割舍不掉的故乡，她无法脚踏实地，她也驱散不了伴随一生的孤独，除非拥有爱情。

于是，她继续追逐。

晚年曾有年轻的男人觊觎她的财产，投其所好布下温柔陷阱，她聪明一世并非一无所知，也许，对那时的赛珍珠来讲，她太需要一份能给她带来温暖的感情。所以，即使要冒着被欺骗、被遗弃的危险，她也要飞蛾扑火，迷失于虚假的浪漫与放纵的狂欢。她怎能不知道虚幻的爱如同绽放的烟花只是短暂的绚烂？可是突如其来的勇气的灼热和幻灭前的绚烂值得自己孤注一掷，她有失有得。

爱情是赛珍珠的救命稻草，她早已不需要男人的成就，仅仅需要男人的爱情。

静思小语

对爱情无尽的追逐让她的一生跌宕起伏，爱情是她最后一根救命稻草，她怎能不知道虚幻的爱如同绽放的烟花只是短暂的绚烂？可是突如其来的勇气的灼热和幻灭前的绚烂值得自己孤注一掷。这就是赛珍珠，永远的大地的女儿。

梅琳达·盖茨：不成为婚姻的附属品

她拥有世界上最智慧的男人和最多的财富，却一贯行事低调，拒绝奢华的上流生活；

她曾是一个全职太太，掌管华盛顿湖畔一座巨大的高科技豪宅；

她不想成为婚姻的附属品，在合适的时机开始自己的事业；

她恬淡、轻柔，从不咄咄逼人，但是却行事果断，雷厉风行；

她很少出现在聚光灯前，但却似乎没有让自己的影响力减弱；

她是一个宽容的女人，当智慧与宽容汇聚，她注定是个幸福的女人。

在嫁给比尔·盖茨之前，梅琳达已经在微软做出了骄人的业绩。

她毕业于杜克大学，拥有计算机科学和经济学的双学位，还拿下了 MBA 学位。她曾在微软实习，由于出色的实习成绩毕业后顺利地进入微软工作，作为最年轻的员工、唯一的女性 MBA，她很快崭露头角。由于她的努力和认真，及时修正了 Windows 的致命失误，避免了公司的重大损失。不久，她成为一名管理人员，其实，管理这些高智商的 IT 精英并不是件简单的事儿，但是聪明的梅琳达还是游刃有余，充分地发挥着她的管理天分，将工作进行得有声有色。

那时的梅琳达虽然雷厉风行，但是为人却总是恬淡优雅，她浅棕色的头发随意地搭在肩上，虽然不算顶级美女，但是却很赏心悦目。于是，当时微软的 CEO 比尔·盖茨被这位充满魅力的女士吸引。他向她提出约会的请求，梅琳达也欣然接受。的确，同当时世界上绝顶聪明的人约会应该是一次不错的体验。几次约会，比尔的幽默让梅琳达感觉不错，她的聪明和睿智也让比尔很动心。

经过一段时间的接触，比尔确定了梅琳达作为自己婚姻对象的首选。他浪漫地求婚，于 1994 年 1 月 1 日，在威利·尼尔森的歌声中举行了婚礼。

婚礼隆重而盛大，参加婚宴的宾客中都是身价不菲的富翁，梅琳达拥有了一场万众瞩目的奢华婚礼，成了全世界女人最为羡慕的对象。

可是，世界首富的妻子却并不好当。

婚前，比尔向梅琳达提出了一个不可思议的要求：他要求自己每年有一个星期的假期是自由的，这样的自由意味着，他要与他的前任情人在一起，他只想同她坐在一起谈谈物理学和计算机。他保证这是纯粹柏拉图式的相处。

而梅琳达的婆婆也送给她一封言辞恳切却并不轻松的家书，信中这样写道：

亲爱的梅琳达：

几小时后，你就要嫁给比尔，我和你将有同样的夫姓。威廉·盖茨和我结婚已经42年了。其实，我们仍在不断学习，了解到底什么是婚姻。"爱并且珍惜"，请赞扬他的优点，但记住不是全部。也许，你会发现一些地方——往往是他的母亲教育疏漏的地方——你很想改变，你可得知，改造自己的丈夫是一项非常漫长的工程，而且不会一帆风顺。有的时候，改变自己的心理预期，也许会好一些。"无论环境好坏"，别期望生活能平静如水，祈祷得到勇气，还要保持你的幽默感。从来，从来没有人能拥有完美无瑕、和谐融洽的婚姻生活。美好的婚姻需要双方一起努力，保留弹性的空间，并且克制自我。但是，最最重要的基石，是坚定的信念——坚信你们的婚姻一定会天长地久。"无论贫穷富足"，这句话也许只对极少数的人有着特殊含义。我们的每一天都是一种考验，考验你是否在所处环境中表现得谦逊。拥有得越多，责任也就越大。你是如何运用自己的资源，尽到了自己的责任？在最后，你的生命历程将得到一份判词。因为会回顾反思你的人生的，不是你一个人。"无论疾病还是健康"，就像你看到的一样，在过去几个月中，我们有了一个很直接的机会。反省"患难与共"

这句誓言，事实上，这次挑战使我们的关系更深了一层。当然，水面不会一直平静，但我根本无法设想，如果我没有嫁给盖茨，会是怎样的生活。我祝愿，从现在开始，42年以后的你，也会对你的比尔·盖茨有同样美好的感受。

毫无疑问，婆婆已经明确地告诉她，想要稳定的婚姻，她必须要付出极大的忍耐。她还提醒梅琳达改变之前的预期，婚姻并没有想象中美好，没有一个新娘愿意在浪漫的婚姻生活还没开始时就被这样警告，"别期望生活能平静如水"，虽然这是事实，但是在婚前谈起还是有些冷酷。婆婆在信中不动声色地提出很多要求，"保留弹性空间""克制自我""表现得谦逊"，而"责任""反省"之类的字眼看似是对梅琳达的期许，其实也不过是让她明白自己的任务。

想要顺利地开始这段婚姻，确实不是件轻松的事儿。梅琳达相信自己能做一个优秀的妻子，于是，她接受了比尔的请求，一周的时间不长，自己将会拥有比尔的一生，能选择自己作为人生伴侣而不是他的情人，梅琳达相信这就是自己的胜利。

嫁给盖茨之后，梅琳达便做起了全职太太。她为盖茨生下一双儿女，并管理着盖茨豪宅的日常工作，她放弃事业回归家庭，是因为她认为自己的孩子更需要母亲的陪伴和教育。她将家里布置得十分温馨，因为比尔和她都喜欢阅读，而孩子们也需要读书，她索性建立起家庭图书馆。她十分胜任首富妻子的角色，尤其是在比尔遇到难题时，她是一个不错的参谋。巴菲特曾说，如果要比宏观统筹能力，梅琳达比绝顶聪明的比尔还强那么一点儿。而摇滚巨星波诺也曾说："我和盖茨都对生命的恣意损失感到极其愤怒，因此我们需要一个脉搏帮助我们缓冲，恢复理性，而梅琳达就是这样一个脉搏。"

而梅琳达的能力远远不只这些，做一个全职太太也只是她人生某一阶段的责任。等到她最小的孩子就读于全日制学校，梅琳达开始了自己的事业。

早在1994年的非洲蜜月之旅时，梅琳达就已经萌生了做慈善的想法，当她看到刚果（金）难民的悲惨生活时，她早已无暇欣赏自己喜欢的非洲小动物，她知道非洲贫穷，却不知道竟贫穷到如此地步。当终于有精力和时间去发展自己的事业，2000年，梅琳达和盖茨一起建立了美国有史以来最大的基金会——盖茨基金会，并担任主席。

而这一阶段，比尔·盖茨正经历他的人生低谷，他的公司员工斯特凡妮，也是他桃色新闻的女主角，站在法庭上，指证盖茨使用

图书在版编目（CIP）数据

愿你惊艳芳华：那些美好女子教会你的事/拱瑞编
著. -- 北京：中国华侨出版社, 2018.3（2020.3 重印）
ISBN 978-7-5113-7431-8

Ⅰ.①愿… Ⅱ.①拱… Ⅲ.①女性－名人－生平事迹
－世界 Ⅳ.① K818.5

中国版本图书馆 CIP 数据核字（2018）第 020441 号

愿你惊艳芳华：那些美好女子教会你的事

编　　著：	拱　瑞
责任编辑：	江　冰
封面设计：	冬　凡
文字编辑：	李翠香
美术编辑：	潘　松
插画绘制：	楚　觅
经　　销：	新华书店
开　　本：	880mm×1230mm　1/32　印张：6　字数：165 千字
印　　刷：	三河市京兰印务有限公司
版　　次：	2018 年 5 月第 1 版　2021 年 8 月第 3 次印刷
书　　号：	ISBN 978-7-5113-7431-8
定　　价：	30.00 元

中国华侨出版社　北京市朝阳区西坝河东里 77 号楼底商 5 号　邮编：100028
法律顾问：陈鹰律师事务所
发行部：（010）88893001　　　传　真：（010）62707370

如果发现印装质量问题，影响阅读，请与印刷厂联系调换。

非法手段竞争，这使本来对微软就不利的行垄断案调查有了实质进展。知情的华尔街经纪人纷纷抛售微软股票，一时间，盖茨的个人财产损失高达80亿美元。而比尔·盖茨此后，逐步淡出他执掌多年的微软。

比尔的背叛让人愤怒，但是比尔的处境更需要她的帮助。梅琳达积极发展他们的慈善事业，她潜心研究艾滋病、疟疾和肺结核问题，对基金会的运作全盘考虑，对每一个投款方向都进行周密的论证。渐渐地，比尔也开始同她一起工作，并对慈善事业产生浓厚兴趣，他开始不再因为离开微软而沮丧，因为他正积极地在一个新的领域开启他们令人瞩目的人生篇章。

尽管梅琳达并不十分喜欢长时间在公众面前出现，她是一个低调务实的女性，不过，因为基金会的原因，她必须将贫困并饱受病痛困扰的民众的痛苦向公众传递。人们常说，这个女人有个世界首富的丈夫，却把钱捐到非洲去。

对于梅琳达来说，事业非常重要，因为她要为女儿做出榜样："我非常希望她不管从事什么职业，都能有发言权。"也只有这样，才可以找到人生的价值，也会让自己获得尊重。

❧❧ 静思小语 ❧❧

梅琳达作为世界首富的妻子，但是她却并未成为婚姻的附属品，她渴望展现自己的价值，并且为自己的女儿做出榜样。她是个宽容的妻子，她接受了婆婆的善意提醒，也因此有了一段虽然波折却还算幸福的婚姻。